ARROSTRO A LA DEPRESIÓN SEVERA

Domingo David Franco Assad

ISBN: 979-8-89090-734-9 (sc)
ISBN: 979-8-89090-735-6 (e)

EXPRESSO
Executive Center 777, Dunsmuir Street Vancouver, BC V71K4
1-888-721-0662 ext 101
info@expressopublishing.com

INDICE

INTRODUCCIÓN

Se ha dicho que todo conocimiento que no es cuestionable es porque no está dentro de los límites de la ciencia. Y se verifica en la historia con el paso de los siglos, al dejarnos ver que, de manera sucesiva, la ciencia se modifica con cierta frecuencia con nuevas tesis y antítesis que demuestran el error, y, sin embargo, es mediante este proceso por el que se va conociendo la verdad de la materia que se trate. Y no por eso se demuestra que todos los filósofos del pasado estuvieran equivocados, y por lo que no deban tomarse como ciertos sus principios y enunciados.

Como prueba tenemos el caso concreto del inventor de la lógica, Aristóteles, del que sus ideas quedaron plasmadas con los siglos. Grandes pensadores desde el 280 A. De C. hasta el pasado siglo XX, la cultivaron y abonaron, y por más que otros la objetaron, está vigente en la moderna lógica simbólica, o lógica matemática, o logística, que trata procesos deductivos aplicables a las matemáticas, y a cualquier terreno científico; mediante un lenguaje de símbolos mayormente riguroso que llega a nuestros días, con el perfil de un instrumento para desarrollar, fundamentar y criticar a las Matemáticas. Y el punto de vinculación con la lógica aristotélica prevalece en la estructura del pensamiento y sus reglas deductivas.

También el Griego Demócrito de Abdera, que en el siglo "V" A. de C. formuló la teoría del atomismo, donde consideró que la realidad estaba compuesta por dos únicos elementos, el vacío y los átomos; y que estas partículas se mueven perpetuamente en el vacío, y según su forma y tamaño, constituyen los diferentes estados de los cuerpos físicos. Y en oposición a 25 siglos de olvido, resurge un nuevo auge, en el cual, se ratifica con la hipótesis de la energía atómica.

Y para quien desea estudiar hoy día la mecánica de fluidos, ¿no empieza con: "el principio de los cuerpos flotantes"?, y en otra parte de la física, ¿no continúa enseñándose por su utilidad, "el equilibrio de los planos"?; los cuales fueron enunciados inicialmente por el sabio griego Arquímedes de Siracusa, en el siglo III A. de C. Así, tantos más hombres de la antigüedad entregados a la ciencia, al arte, a la filosofía, a la política, etc., mismos de los que nos seguimos sirviendo de su legado. En fin, cuanto menos conocemos de lo pasado, menos sabríamos aprovecharnos de los tesoros que reserva la historia, y asombrosamente, no los descubre únicamente al erudito investigador, son todavía para aquel que, sin reservas, se propone encontrarlos.

Este es el punto de partida de mis indagaciones, el muelle por donde me hice a la mar, para explorar el inmenso océano de mis miedos y confusiones, las que se hicieron sentir implacablemente por la depresión; enfermedad que moderadamente padecí desde los 24 años, pero que antes de los 30 resentí sin misericordia.

Ciertamente por mi ignorancia, no me refugié en la psicología moderna, sino en aquello que, a pesar de ser puramente arqueología para muchos, para mí, lejos de eso, son portentosos cimientos que, han permanecido tan asombrosamente inalterables como despreciados. Haya sido por la costumbre de tener la mirada vuelta hacia atrás, o por ser sencillamente un romántico, o por alguna razón que no reconozco, es el caso que con el fervor de quien suplica el perdón en un tormento, y con la fe de quien se sabe seguro de la verdad, me aferré en los peores momentos de mi vida, apostando por completo mi futuro, a las reflexiones que algunos han llamado, el despertar de la ciencia moral; el antes y el después en la historia de la filosofía universal

DEDICATORIAS

A la memoria de mis padres: Domingo Franco Sánchez y Dolores Assad Rivera, por quienes apliqué toda la fuerza de mi espíritu, con tal de no ser advertido por ellos, como un hombre severamente deprimido; debido a que en todo ese tiempo consideré que, mi mejor proceder consistía en evitarles la pena de hacerles partícipes de los males que aquejaban mi pensamiento; pues creía contundentemente en el prejuicio de que, un hombre enfermo de la mente, era un hombre acabado sin remedio; con el menoscabo con que se señala al ladrón que ha sido descubierto y exhibido ante la sociedad.

A mi esposa: María de la Paz Hernández Orozco, de quien he recibido su comprensión, su alegría de vivir y el impulso que necesitaba para decidirme a iniciar con la medicación psiquiátrica. Así por el importante respaldo moral que de ella he tenido siempre en los días complicados.

A mis hermanos: María Guadalupe, Leticia, Sonia, Rafael y Salvador: en quienes encuentro siempre su apoyo y el complemento de mi felicidad.

CAPITULO I

EL ENCUENTRO

Semejante al mar cuando impelido por la secuela de alguna fuerza natural, repentinamente se retira de la costa para regresar con devastación a su paso, así nada más, me veo rodeado de las aguas agitadas, sin saber cómo o por qué me encuentro acá. Quisiera que fuese una pesadilla, aunque sé perfectamente que no lo es. Floto en un océano oscuro y apartado, pareciera estar dentro de un infierno, de esos terribles infiernos en los que de alguna manera existen dentro de nosotros, en algún rincón del alma; no sé si pocos lo conocen, porque en vida, están reservados exclusivamente para las almas trastornadas; lugares destinados a padecer abrasadoras angustias. No se necesita pasar por una puerta -tal como lo describe el Dante-, en la cual, se inscribe con letras de fuego: "Quien, entre aquende, que pierda toda esperanza de salir jamás", ni hace falta la amenaza de Cerbero -el perro de 3 cabezas-, guardián eterno de la puerta de los infiernos". De aquí adónde, es quizá la pregunta más terrible que pueda soportar. Será eterna la estancia en esta tormenta silenciosa, en un vaivén de portentosas olas, en la oscuridad, solo; no presiento el cambio, ni por las promesas de la muerte misma, solo el vaivén del inmenso tobogán de la ansiedad. Tengo ganas de decirme que estoy exagerando, pero el viento que las impulsa e muy fuerte. No quisiera que nadie me acompañara, pues a ninguno desearía tanto sufrimiento, y no creo que haya nadie que pueda ayudarme. Alejado por la inmensidad, tengo contadas las fuerzas para mantenerme en la superficie. Hay sin embargo momentos de calma, espacios de poca agitación, lapsos para un respiro físico y espiritual, durante los cuales, pienso si la fortuna me será propicia para abrir camino; únicamente, por la esperanza o la resistencia que sostiene siempre mi espíritu de lucha; pasión, sin duda, obtenida de los ideales formados por la admiración de las hazañas épicas. Algún propósito habrá, me pregunto, por el hecho de haber llegado a mis manos, las historias de las acciones nobles de personajes heroicos, y que tanta impresión me causaran; cuestionamiento, sin duda, con denotada egolatría o de exacerbada vanidad; que en realidad poco me importa en este estado, bien recibida sea la fuerza de donde venga. Sé que, con otro hado, no habría yo resistido tantos ataques; los cuales son comparables con espíritus despiadados que persiguen con delirio furioso a la víctima, y de la que están obsesionados por acabarla; simulando una serpiente encantadora que escurre por mi cuerpo indefenso y paralizado, emponzoñando el pensamiento, y ya desquiciado, engendra la idea de quitarme la vida. Quizá por mi fe y el propósito de resistir hasta el último soplo, o por mero terror a la eternidad, es de suerte que me he mantenido con vida.

No hay estrellas, al universo mismo lo engulle la oscuridad, y con ello la desesperanza absoluta de quien va perdiendo una batalla decisiva. ¡Con razón le llaman el Negro Tártaro! Me adelanto sobre el agua, como si se tratase de un náufrago que quiere salvarse, y avanzo; mas yo sé que en este caos no se llega a ninguna parte, importa acaso la dirección que llevo, a qué sitio pretendo llegar, para qué me esfuerzo. Y nuevamente me derrumbo. Tantas batallas y en un solo día. Convéncete, es sencillo, es cuestión de tiempo, nadie puede resistir tanto. Es preciso estar muerto para soportar los trabajos de Sísifo -quien fue condenado a permanecer en los infiernos, con el castigo incesante de tener que empujar una roca hasta la cima de una montaña, y que perpetuamente volvía a caer antes de llegar a la cumbre.

Irrefrenablemente aumenta mi desesperación. Me pregunto, és éste el infierno, simplemente la zozobra inconcebible, donde nadie ha averiguado el fin; la peor de las angustias, "la que no termina nunca". Es posible que hubiésemos sido creados para resistir siempre los más intensos tormentos.

Sin hacer partícipe a nadie de mi dolor, a grito herido, imploro a Dios se apiade de mi alma: ¡escúchame y socórreme!, ¡o Dios o mi Dios! Contrapuesto a lo imposible, me sigo moviendo, a pesar de que cada vez es más difícil continuar; como si unas manos fantasmales asieran de mis tobillos. Aborrezco lo que me rodea, me aborrezco a mí sin excluir lo inútil de mi pujanza. Me siento extenuado. No pararé, es mi único y más encarecido propósito. Si habré de sobrepasar, es porque voy a resistir. ¡Sirva esta soledad para no transmitir a nadie mi tragedia; para no quebrantar la salud o la vitalidad de mis seres amados!

Si de Leónidas fuese un soldado, seguramente sus capitanes me ordenarían pelear, diciéndome quizá, lo que respondieron al Gran Jerjez -emperador de los persas, al mando de un ejercito nunca antes visto por su aparato e inmensidad; el cual, dirigiéndose a un puñado de espartanos que osadamente pretendían impedirle el paso en el estrecho de las Termópilas, los conminó con estas palabras: "Ríndanse insensatos, no comprenden que si yo lo ordeno, ese ejército que los observa, lanzarán sus flechas a un tiempo, con tantos proyectiles en el cielo que ocultaríamos al sol"-, sorprendentemente, ese pequeño grupo de héroes arengó: "Mejor, ya que así pelearemos en la sombra". Sí, es preferible morir de este modo, en medio del combate y con las armas en la mano; al igual que ellos, ¡nunca me detendré!, ¡está concluido!

Poco a poco el agotamiento me domina. No puedo más, lo reconozco, con todo y todo, sacaré fuerzas superiores a mi límite. Y si de la falange de Alejandro fuera un soldado, me diría por de pronto, con una jovial y fuerte voz: "¡Macedones!, sois capaces por vuestro valor de no dejar señorío por imposible, yo no desistiré de mi intento hasta haber obtenido en estas regiones la victoria de que desesperáis, o una honrosa muerte. No soy de linaje capaz de apetecer antes que un inmortal renombre una larga vida".

Nada me detendrá, lo juro. En esta dimensión Cronos no tiene injerencia, así, qué hombre resistiría. Nuevamente, equiparable a los tiburones hambrientos que atacan a su presa, el agotamiento y el miedo arremeten devorando mi voluntad. El fin de mi vida debe de estar muy cerca. ¡Qué fatalidad!, ¡no puedo seguir!, ¡estoy vencido! Inexplicablemente todavía avanzo. Impensadamente me llevan las fuerzas que el alma guarda de última reserva; disponible para aquellos que están dispuestos a pervivir más allá de lo humanamente posible. ¡Cristo no me sueltes!, ¡toma mi mano!, ¡misericordia señor!, ¡piedad padre mío! ¡Cómo he terminado!: perdido sin sucesión ni término en las aguas del gran abismo.

Ahora recuerdo un hermoso sueño, tan solo un hermoso sueño, pero esperanzador al fin. Sucedió también en el mar: estaba flotando y jugando en las aguas soleadas y tranquilas, cuando inadvertidamente fui atacado por animales devoradores, que a la sazón arrancaban mis carnes; no hice más que cerrar con fuerza los ojos y me dispuse a morir, rogando a Dios recogiese mi pobre alma, mientras mi cuerpo se sacudía violentamente por la voracidad de los escualos. Poco después, mis restos óseos se precipitaban en el fondo, depositados con la suavidad de la corriente marina. Mi alma reacia para desprenderse de su cuerpo permanecía allí; por el desconcierto tal vez, o por la pura espera de lo que no se intuye al haber concluido la fatalidad. No paso rato cuando bruscamente, cierta cosa empujaba mi espalda, obligado abrí los ojos, con el temor de ver mis huesos descarnados, antes, por el contrario, quedé sorprendido, al ver frente a mí, un enorme delfín blanco, que apoyado en hocico y frente me empujaba con la intención de querer despertarme, y vi entonces mi cuerpo intacto; como si hubiese sido un sueño dentro de otro sueño. Con el alivio de quien despierta de una terrible pesadilla, me acerqué a él, le abrasé y le besé; con el gesto de quien agradece la vida al momento en que lo han socorrido. En salvo, con el esfuerzo de sus membranas emergimos, y sin la ansiedad de respirar, afirmé las manos en su aleta superior y nos deslizamos rumbo a aquella distante costa; tan rápidamente, que no tuve oportunidad siquiera de volver a mirar ahí, donde acechaban los depredadores.

Serán estas aguas oscuras de atmósfera nebulosa, lo que los antiguos griegos llamaran, las aguas estigias; no menos que las tenebrosas aguas del infierno. Tan abatido estoy que no había reparado en aquella tenue luz del horizonte. Algo puedo ver y me reanima un poco. Ahora no todo es mar y sombra callada, será una ilusión, o sobre las aguas surgen lejanos relieves, o han estado perpetuamente, de cualquier modo, hay alguna esperanza, ¡si pudiera acercarme! Paciencia, paciencia, paciencia, sólo es preciso resistir. Dios permíteme llegar, no dejes que la corriente me retire. Cada brazada parece la última, el temor consume por completo mi energía, multiplica el agotamiento. No te engañes, me lo dicen las voces del interior, las fuerzas de tu cuerpo te han abandonado. Sin aceptar en mi consciente la derrota, no supe más, hasta verme en la orilla; con la sensación de un alma reducida a la última demacración.

Me parece haber llegado a un apostadero, tan sombrío que podría ser la isla de los muertos, tendré que esperar al barquero Caronte; figura humana, revestida de un sudario blanco, quien se encarga de llevar las almas de los mortales al lugar sin retorno, a las pálidas sombras del Averno. Será verdad que en el infierno moran muchas calamidades, como el Miedo, la Muerte y figuras espantosas de ver.

HADES DIOS DEL INFRAMUNDU Y CERBERO
GUARDIAN DE LA ENTRADA

Ante mí las ruinas, que acorde con lo que me rodea, pareciera estar sitiado por el abandono. Me sugiere que le han dejado, de la manera en que uno olvida las cosas por creer que ya no son útiles.

Nada despierta con mayor ahínco mi curiosidad en toda el abra que, la continuación en un paso amurallado. De la forma en que un pájaro es fascinado por la mirada de una serpiente, me hace sentir atraído, quizá por este viento que, al interponerme en su trayectoria, me acaricia para después ir a perderse dentro de aquel camino. Absorto y en un andar ligero, me dejo llevar por el placer de un breve descanso, después de un largo, muy largo peregrinar. Esta sensación se experimenta en cada respiración, cuanto más me adentro; será posible que sea la atracción del profundo Orco. A mis espaldas el mar y el puerto su límite, conmigo el miedo, y adelante siempre, sea por cobardía o valentía, el anhelo de vivir.

Imagino que, alguna vez el muro fuera una obra defensiva, quizá protector de puntos estratégicos en antiguas civilizaciones, que semejantes a las naciones belicosas de hoy, necesitaron de la industria militar. Probablemente la sustancia espiritual de aquellos hombres fue la misma a la nuestra. Habremos cambiado en algo, las pasiones y las apetencias de antes, no serán similares a las de hoy, o únicamente habrán cambiado los objetivos, quién sabe.

Vislumbro una ciudad fortificada, que con luz propia brilla oponiéndose a la inmensa penumbra. Ha sido acaso aquella luz lejana que me dio la fugaz e incipiente esperanza. Al centro se distingue una escarpada colina, custodiada por dos pórticos edificados en lucido mármol, los cuales armonizan con otros monumentos y templos de singular belleza. Es tal el encanto que, sin apartar la mirada de augustas y artísticas construcciones me he quedado absorto, su arquitectura imponente me embelesa; es una sensación extraña que, despierta el interés en cada una de las esculturas que a mi paso se muestran de diferentes ángulos; le hablan a mi imaginación, y busco los significados de las majestuosas obras. Y hasta me sugieren que no pertenecen a la mansión de las tristes sombras, sino al ancho recinto de los Campos Elíseos.

Descansaré un poco acá, al decir por su decoro y explanada parece ser la plaza principal. Por qué pienso repetidas veces que este lugar guarda algún misterio, que increíblemente me agrada; tal cual lo haría un aire fresco estando sofocado.

No es posible librarme de ese remolino en mi mente, no se aparta por mucho tiempo, por qué a mí, me ahoga esta soledad tan inmensa, estaré pagando alguna ofensa que a Dios le haya hecho. Estaré muerto, estarán muertos todos, seré parte de lo que no existe. Ojalá me dejen descansar para dormir un poco. Sin resignarme a la derrota, presiento que mi cabeza se va rindiendo al peso de la muerte, y sin mover los labios, oigo el susurro de mi propia voz: de la noche no nace el día, y nada de lo que te rodea se somete al cambio. De no haber sido por mi sensibilidad y aquel murmullo, habría dormido el sueño del viaje sin retorno. Será la mirada somnolienta, o entreveo una silueta que cruza la plaza, son vanos fantasmas. Mi corazón va a reventar, será mejor que me serene, cuantas cosas se piensan en un instante; mi temor a las visiones, a la indecisión, a la soledad. No importa lo que me suceda, mejor lo sigo, lo prefiero a la soledad; más me aterra permanecer en el silencio eterno; iré a una distancia prudente. Aguijado por el miedo y atento a cualquier cambio para precipitar la fuga, le sigo el paso. Se va a ir si no me apresuro. Por qué mejor no lo alcanzo. ¡No!, mejor no. ¡Como de costumbre me faltan los arrestos! Adónde irá. Quién será. Sé que no podré soportar este suspenso que va transformándose en pavor; el cual penetra con la violencia en que una estocada saca el aliento del cuerpo. Ya lo decía el poeta Eurípides, "cuando los dioses quieren acabar con un mortal, primero lo vuelven loco". Ya son muchas calles, desconozco si las repasamos o son otras, el caso es que no puedo continuar inadvertido, bien que no vuelve su mirada; tal vez por lo absorto de su soliloquio. Al fin entra en un edificio, es una prisión. Y acelera el paso, con la confianza de quien está seguro de encontrar lo que busca, y ahora se detiene frente a una celda, dentro veo a un hombre de edad avanzada, aspecto vulgar, de nariz chata y complexión robusta, vestido con una burda túnica y descalzo, que le saluda. No puedo hablar ni moverme, estoy paralizado. Poco a poco se serenan mis pensamientos, y al ritmo de la respiración vuelvo en mí, y titubeo sin decidirme. ¡Heme aquí, como en toda etapa de mi vida!, "convertido en una infeliz sombra de los demás; lo que en pocas palabras puede decirse de mi subsistencia: "una simple sombra que no merece reparo alguno"; que no se atreve ni se desprende de los amigos o las personas que diariamente acompaña, porque no posee vida propia, ni aún por la fuerza que dan los ideales.

¿Me aproximaré? ¡Basta ya de tanta cobardía!, ¡siempre igual!, ¡no, por favor, no! Ya no sé si el temblor de mis piernas es la causa de mi inseguridad, o es mi inseguridad el motivo de mi flaqueza. Al fin me decido a interrumpirles, al igual que un viajero pregunta por el camino, me acerco a ellos, y antes de alguna conjetura, veo delante hombres reales; con la materia y energía que la naturaleza da a los vivos. Pese a mi presencia, fingen ignorarme o verdaderamente no pueden ocuparse de mí. ¡Soy yo el fantasma circunstante! Resuelto a no retroceder y motivado por un aliento enigmático, espero, entre tanto la mente me permita salir del terror y consiga atender lo que dicen. Nuevamente llamando su atención les hablo con respeto, sin dejar de ver el rostro tosco; de labios gruesos, ojos saltones; y lo confirmo, al ver que ninguna reacción provoca mi presencia a ninguno de los dos; su diálogo no parece ser interrumpido ni perturbado por ninguna distracción.

Incomprensiblemente, una sensación tranquilizante, penetra gradualmente en mi alma, hasta verme libre de impresiones y miedos. Y es particular en mí que, después de un momento de distracción empiezo a escucharlos, aunque, en un estado de relajación que casi nunca consigo. Al fin, momentáneamente a salvo de mi propia persecución, me es posible mantener una continua y plena concentración en el diálogo. Y del que es mi deseo compartir, con quien tiene también, el afán o la curiosidad de indagar en su interior. Quizá a través del lente de un anacronista al que, le ha sido concedido estar en la época y lugar donde los hechos consumaron lo pasado y del cual emana su fuerza e inspiración.

Un extranjero. - Gracias al cielo que aún te hallo con vida, precisamente hoy, cuando tanto lo necesito. ¡Ayúdame! Estoy a merced de un temor cerval, me persigue, demasiado grande son mis tormentos, ¡es verdaderamente insufrible! Y sé que con tu sabia ayuda puedo combatir los males.

El Maestro. - Recuerda que, [1] "si me han dado el nombre de sabio es porque, los que me escuchan creen que yo sé las cosas sobre las que descubro la ignorancia de los demás. Sólo Dios es el verdadero sabio y que eso ha querido decir por su oráculo, haciendo entender que toda la sabiduría no es gran cosa, o aun mejor, que no es nada; y si el oráculo me ha nombrado, sin duda se ha valido de mi nombre como un ejemplo, y como si dijese a los hombres, el más sabio entre vosotros es aquel que reconoce que su sabiduría es insignificante. Este es el objeto de mis indagaciones, y continúo haciéndolo para asegurarme más y obedecer al Dios, sirviéndole de intérprete, haciendo ver a todo el mundo que ninguno es sabio. Esto me preocupa tanto que, no tuve ocasión para dedicarme al servicio de la república ni al cuidado de mis cosas, y viví en una gran pobreza a causa de este culto que rindo a Dios". "Y el es quien me impone[2] el deber de ayudar a los demás a parir, y al mismo tiempo no me permite que produzca nada. Esta es la causa de que no esté versado en la sabiduría, y de que no pueda alabarme en ningún descubrimiento que sea una producción de mi alma. En compensación, algunos de los que conversan conmigo, se muestran muy ignorantes al principio, hacen maravillosos progresos a medida que me tratan, y se sorprenden de este fruto, y es debido a que el Dios quiere fecundarlos. Y se ve con claridad que han aprendido de mí pobremente, mas han encontrado en sí mismos, los numerosos y bellos conocimientos que han adquirido, no habiendo hecho yo mayor cosa que contribuir con el Dios a hacerles concebir".

Ten presente en cada momento de nuestro diálogo que, no gozo del arte ni del don de la cura para los males del hombre; no soy ni adivino, ni medico, ni hechicero, ni me tengo por curandero siquiera, y mis plegarias no valen más que las de cualquier hombre justo.

Un extranjero. - Pero te he oído mencionar que, [3] "los verdaderos filósofos se ejercitan para tener fortaleza y ser templados; que esta virtud libera a los hombres de sus deseos y temores, haciéndolos superiores a sus emociones y placeres. Y que sin ello los hombres que se hacen fuertes, lo son a causa del miedo, o los que se hacen moderados o templados lo son por intemperancia; dando como resultado una virtud loca y ridícula, ya que renuncian a un placer que codician y enfrentan un temor que les aterra; lo que significa que vencen sus emociones en interés de cualquiera de las pasiones a las que están sometidos y que los subyugan. Cumpliéndose lo que tu has dicho, que son templados y moderados por intemperancia". ¿O no lo he entendido debidamente?

El maestro. - ¡Lo has entendido! [3] "No hay que equivocarse, no se camina hacia la virtud cambiando placeres por placeres, tristezas por tristezas, temores por temores, y haciendo lo mismo que los que cambian una moneda en menudo. La sabiduría vista no como la sapiencia omnisciente, sino, como el conocimiento del juicio, es una moneda auténtica y con ella se compra y se tiene todo, fortaleza, templanza, justicia; en una palabra, la virtud sólo es verdadera con esta sabiduría, independientemente de los placeres, de las tristezas, de los temores y las demás pasiones. Mientras que, las virtudes que aparecen de la transacción de unas pasiones con otras son sombras de virtud; virtud esclava del vicio, que no tiene ápice de verdadero ni de sano. La verdadera virtud es una purificación de toda índole de pasiones. La templanza, la justicia, la fortaleza y la prudencia son purificaciones; y hay muchas señales para creer que, los que las han establecido no eran personajes despreciables, por el contrario, grandes genios, que en mi opinión han filosofado bien. Nada he perdonado por ser de este número, y he trabajado a lo largo de mi vida para conseguirlo. Si mis esfuerzos no han sido cortos, y si lo he alcanzado, espero con la voluntad de Dios saberlo después de que el buque* haya vuelto de Delos".

Un extranjero. - Por eso mismo estoy persuadido en que la naturaleza y el estudio de la ciencia, te han dotado con poder suficiente para ordenar las ideas, con la mira de producir el convencimiento y dar forma a tus discursos. Y en que el quid del influjo de tu magia consiste en llevar discursos ordenados y metódicos; [4] "que todo el que no lo siga, se lanza por un camino oscuro. En tanto que, aquel que, si lo siga, explicará exactamente la esencia del objeto al cual refieren sus palabras". ¿No debemos proceder en este sentido, en los exámenes que [1]hagamos sobre la naturaleza de cada cosa?

El maestro. - Dices verdad, es acorde con la recta razón como debemos examinar la naturaleza de las cosas que tratamos. Lo primero que debemos examinar es, aquello que sirve de materia o asunto al ejercicio de las facultades mentales, y no es otra cosa que el objeto que nos proponemos, y que queremos penetrar: si es simple o compuesto.

Después, si es simple, cuales son sus propiedades, cómo y sobre qué cosa obra, y en qué casos es afectado; si es compuesto, contaremos las partes que pueden distinguirle, y sobre cada una de ellas reiniciaremos el examen, para determinar, según y conforme, todas las propiedades activas y pasivas. Dispuesto en este tono, y dado que los hombres tienen diferentes caracteres, se ofrecerán discursos complejos y armoniosos para las almas de los estudiosos, y discursos simplificados para las almas sencillas; por lo que antes es necesario divisar y asociar caracteres con lenguajes complicados en aquellos, y llanos para estos. Y hablar siempre con oportunidad y callar también cuando sea conveniente; lo que implica emplear y evitar el estilo conciso.

Un extranjero. - Entonces, por piedad, ayúdame a conseguir el provecho que la virtud promete para combatir mis funestos males; a ser fuerte y templado contra fatales desgracias. Detente conmigo, que he caído en un estado de sorda desesperación. ¿No te conmueves ante un hombre atormentado?

El maestro. - No tienes que implorar por mi ayuda, cuando realmente [5] "tengo como lo más feo: no querer auxiliar, ya sea a uno mismo, a los amigos, o a los parientes; por ello, hoy es preciso hacerse bastante fuerte y soportar el camino que habremos de recorrer. ¿Pero por dónde quieres que comencemos nuestra indagación?

Un extranjero. - Indudablemente por lo que tanto me hace temer.

El maestro. - Muestra tu resolución, [5] "aclarando e indicando con parquedad y dejando para después tus dones de afluencia" ¿Cuál es el temor y cual es su objeto que lo tendrá?; de la manera que el arte del tejedor tiene por objeto las telas". ¿No es lo que sucede?

Un extranjero. - Sí.

El maestro. - [6] "Y la música, la composición de los cantos".

Un extranjero. - Sí. Es un miedo cerval a las apariciones o visiones. Verás, supe que ha habido personas que sufren por depresión, y algunas las penan en condición extrema o crítica; y a estos seres infelices, los acosan visiones y oyen voces, de suerte que, al ser perturbados se imprime en ellos un daño grave; lo que tal vez sea una tortura fantástica dada por su imaginación, así y todo, es real en sus sentimientos. Y como padezco una depresión, supongo que, podría fácilmente llegar a tener una visión de éstas en cualquier momento. Y pensándolo una y mil veces, creo en consecuencia que la posibilidad aumenta seriamente; de tal modo que, momentáneamente tengo por cierto no estar ajeno a padecer los tormentos que las apariciones provoquen, desde el instante en que dejen verse u oírse; trance que se ha convertido en una inefable maldición.

El maestro. - ¿Significa que las apariciones o visiones, y sus voces, son algo o no son nada?

Un extranjero. - Si no está en más que en esto, te aclaro que la aparición es la acción y efecto de manifestarse, causando por lo común movimiento en el ánimo.

El maestro. - Por lo expuesto, ¿temes a todo tipo de manifestación?, ¿o sólo temes a aquellas que dejen verse u oírse?

Un extranjero. - ¡Vaya demanda!, me parece extraño que venga de ti. De otro pensaría que se mofa, mas te conozco, y sé que no es y nunca ha sido tu intención con ninguno.

El maestro. - [7] "Si estas tan seguro de conocerme, deberías notar que no has podido aguantar lo que se hace en tu obsequio, en tanto no respondas la pregunta.

Un extranjero. - Me doy cuenta, por eso te digo, son aquellas que dejen verse u oírse de mí, exclusivamente.

El maestro. - Consientes conmigo si pongo en firme que, la visión, son los objetos de la vista, mismos que son reales y los percibe inicialmente este órgano, aun cuando pueden ser netamente objetos representados por la mente, o incluso que, influido por los dioses nos permiten ver lo sobrenatural, sea de cosas reales o inexistentes.

Un extranjero. - Enteramente.

El maestro. - Y empleando un idéntico lenguaje, ¿no ocurre que, mediante el órgano del oído primero, o por la mente nada más, o por la voluntad de los dioses, percibimos las voces o sonidos de las cosas reales o inexistentes?

Un extranjero. - Plenamente.

El maestro. - Si te he comprendido correctamente, temes mayormente a cualquier percepción de imagen y sonido; lo que es hacedero por motivo de las representaciones de la mente, o por las percepciones venidas del poder de los dioses, o meramente por la percepción de objetos y sonidos reales. ¿No es correcto?

Un extranjero. - Por Dios, intentas ayudarme realmente o volverme loco.

El maestro. - Tan solo a que me contestes con laconismo lo que te pregunto.

Un extranjero. - Por supuesto que no temo a toda percepción de la vista o el oído. Temo a las que puedan dejarse ver u oír por la fantasía o la imaginación únicamente.

El maestro. - [8] "Escúchame con atención, no es por ti que procedo con esta actitud cada vez que te interrogo por cosas que parecen obvias, sino para evitar adivinar lo que a ti te ocurre, y en esta hechura, nuestro diálogo se lleve en apego estricto a la verdad".
Conque, responde. ¿No es cierto de que la mente de los mortales está facultada para representar las imágenes de las cosas reales o ideales?

Un extranjero. - Sí

El maestro. - Y que esas cosas pueden ser objetos no presentes.

Un extranjero. - Sí.

El maestro. - Después, la mente tiene la virtud o el poder de inventar o imaginar con los objetos no presentes.

Un extranjero. - Naturalmente.

El maestro. - Ahora, quisieras aclárame lo que tanto temes, que deseo comprenderlo a plenitud. ¿Es casualmente a la facultad de inventar o representar tanto los objetos no presentes, cómo las cosas ideales? ¿Acaso es el poder de imaginar?

Un extranjero. - ¡No por caridad!, no me has comprendido, observa que temo yo específicamente a las visiones y voces que por la industria de mi imaginación o fantasía se muestren ante mí, como si se tratara de un sonido, objeto o imagen que normalmente percibe la vista o el oído, de cosas reales o tangibles; lo que mis facultades de imaginar o fantasear no son capaces de hacerlo a voluntad.

El maestro. - A este son, ¿temes a las visiones y voces que produce tu imaginación o fantasía, y que no son producto de las facultades ordinarias de la mente? En suma, ¿no temes a ninguna visión o voz que sean objetivamente percibidas previamente por la vista y el oído, ni aquellas, representadas comúnmente por la mente?

Un extranjero. - Precisamente.

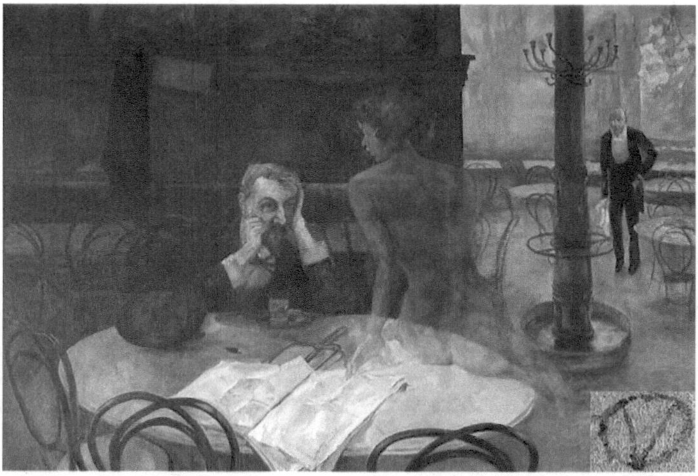

El maestro. - Por consiguiente, si no temes a ninguna otra aparición, ninguna otra será espantosa, ni atraerá al temor; ni real ni fantásticamente. ¿No resulta así?

Un extranjero. - Bueno, no exactamente. Reconozco que las apariciones sobrenaturales son espantosas, especialmente las que provienen de los temibles abismos; siempre que supiera que no las reproduce mi imaginación o fantasía.

El maestro. - Por el antecedente concluyo que, temes a las apariciones y voces que sean representadas en la mente, como si fueran percibidas objetivamente, pero provenientes de imágenes y sonidos inexistentes, o inapreciables para los sentidos. O asimismo que, por las fuerzas sobrenaturales del Hades, se perciban sensiblemente.

¿Qué cosa habremos de añadir o quitar para ser exactos?

Un extranjero. - Me has comprendido plenamente, y has mostrado con transparencia lo que tanto me inquieta.

El maestro. - ¿Alguna vez has pensado en que, si quitáramos a la voz el sonido, que hay que nos quede de ella?

Un extranjero. - Nada, ni para que decirlo.

El maestro. - ¿Y no es base de que el sonido es la sustancia imprescindible, o bien, la parte permanente e invariable en él; la esencia de la voz?

Un extranjero. - Eso es incuestionable.

El maestro. - Luego, si quitáramos a las voces de la alucinación o a la de los infiernos el sonido, ¿qué nos queda?

Un extranjero. - El silencio.

El maestro. - Se sigue que, no es posible temer a estas voces, sin su esencia.

Un extranjero. - Lo creo sin reparo.

El maestro. - ¿Y qué opinas de la visión? Si le quitáramos la facultad de percibir las formas y los colores, ¿qué nos queda?

Un extranjero. - Según y conforme, nada.

El maestro. - ¿Y dicha facultad no es la esencia de la visión?

Un extranjero. - Es meramente la esencia.

El maestro. - Por la misma razón, es imposible temer las visiones sin sus formas y colores.

Un extranjero. - Sí.

El maestro. - Después, si igualmente quitáramos a las apariciones, las formas y los colores que la imaginación representa, ¿qué habría de ellas?

Un extranjero. - Lo mismo que en las voces sin el sonido.

El maestro. - Y aplicado a las formas y colores que ascienden de las moradas infernales. ¿Denotaremos que es la excepción?

Un extranjero. - No. Sería imposible su personificación.

El maestro. - Y se sigue qué, es imposible también temer a estas visiones sin su esencia.

Un extranjero. - También.

El maestro. - Así que, sólo aquellos sonidos, formas y colores, mucho te inquietan.

Un extranjero. - Extremadamente.

El maestro. - ¡Por Zeus! Si los sonidos, las formas y los colores, son las partes permanentes e invariables en cada representación o percepción sensible de la vista o del oído, ¿en qué son diferentes los que te inquietan, de los demás?
Puesto que aceptas el horror a ellas, sin tener más que aportar, yo no puedo aun amoldar una idea cabal de lo que a ti te pasa. Y es el caso que, no acostumbro yo dejar que la suposición termine de entender lo que por falta de voluntad no haya buscado.

[9] "Quizá te haya comprendido mal, joven amigo, pero eso es precisamente lo que motiva mi terquedad en proponerlo": ¿Qué particularidad podrían tener las apariciones, si a un tiempo, tanto te horrorizan y en absoluto te inquietan análogas visiones y voces?
¿O la naturaleza de dichas apariciones es distinta con la de cualquier otra voz o visión? ¿O acaso tanto esas alucinaciones cómo la de los infiernos, tienen la exclusividad de manifestar los sonidos, las formas y los colores?

Se percibe en el ambiente, en cada respiración, en sus ojos que, el mutismo no apresura ninguna respuesta; tal parece que no los conmina a dar razón de las cosas. Me sorprende el hecho de que no esperen una explicación; ni el que pregunta, ni el que intenta analizar. Hasta empiezo a inquietarme sin la respuesta obligada a la cual estoy acostumbrado. Ninguno demuestra rivalidad o intención de triunfo, buscan sólo una respuesta. Realmente les interesa investigar lo que ocurre. Me pregunto: será el secreto, lo que inexorablemente exige la verdad para abrir sus puertas.

Un extranjero. - Posiblemente sucede que, bajo el miedo que tengo se oculta mi verdadero temor. Cómo ha sido posible no haberme dado cuenta, creo ahora que, nada me estremece tanto como el pensar que puedo volverme loco.

REFERENCIA

1.- DIÁLOGOS DE PLATON, APOLOGÍA DE SOCRATES (SÓCRATES VS 556 JUECES)

2.- TEETETES O DE LA CIENCIA

3.- DIÁLOGOS DE PLATON, FEDÓN O DEL ALMA (SÓCRATES VS SIMMIAS)

* CADA AÑO LOS ATENIESES ENVIABAN UN BUQUE A LA PEQUEÑA ISLA DE DELOS, CUMPLIENDO CON UN RITO RELIGIOSO CONSAGRADO A APOLO. CUANDO LLEGABA LA ÉPOCA DE VERIFICARLO, LA LEY ORDENABA QUE LA CIUDAD ESTUVIERA PURA Y PROHIBIA EJECUTAR SENTANCIA ALGUNA DE MUERTE, MIENTRAS EL BUQUE NO REGRESARA

4.- DIÁLOGOS DE PLATÓN, FEDRO O DEL AMOR

5.-GORGIAS O DE LA RETÓRICA (SÓCRATES VS CALLICLES)

6.-GORGIAS O DE LA RETÓRICA (SÓCRATES VS GORGIAS)

7.- GORGIAS O DE LA RETÓRICA (SÓCRATES VS CALLICLES).

8.- GORGIAS O DE LA RETÓRICA (SÓCRATES VS. GORGIAS)

9.- GORGIAS O DE LA RETÓRICA (SÓCRATES VS. GORGIAS).

CAPITULO II

FOBIA A LA LOCURA

El Maestro. - Observa que no eres consecuente con lo que te pregunto.

Un Extranjero. - ¿Aclárame eso?

El maestro. - Porque acabo de preguntarte si la esencia de las voces y las visiones es única o inédita. Y si es el caso, antes de inquirir en algo, es preciso saber qué las hace diferentes. O si las apariciones en cuestión poseen cualidades exclusivas, saber primero, en qué son especiales.

Un extranjero. - Si existen no las conozco, y por especiales que fueran, cómo podrían expresarse. En cualquier caso, poco me importa ya, porque he descubierto mi auténtico calvario. No, no encuentro mejor explicación a mis temores que por no querer enloquecer.

El maestro. - Si es lo que queda, no nos apartemos del cauce de la discusión, a fin de continuar con nuestro propósito principal. Conque entremos de lleno en las reflexiones y las indagaciones, para asegurarse que los principios que dejemos sentados sean exactos; de lo contrario, las deducciones o inducciones nos irán abrumando con rigor. ¿Muéstrame, a qué llamas locura?

Un extranjero. - Me satisface esta definición: "es cuando hay privación de la razón y una conducta imprudente, o quizá exaltación del ánimo".

El maestro. - ¿Y la facultad de razonar, es algo o no es nada?

Un extranjero. - Todos saben que es el atributo mediante el cual puede el hombre discurrir y juzgar; donde discurrir, es reflexionar, es hacer un examen detenido de una cosa que hace el alma y el juicio que se infiere de éste. ¿Convienes en ello?

El maestro. - Por ahora, no es mi propósito cuestionar tu definición, así que dejémosla de punto de partida para sondear en esta otra: ¿Apruebas si ponerse en manos de los médicos y someterse a sus tratamientos es cosa siempre agradable?

Un extranjero. - Pese al desarrollo de la ciencia, no nos pone a salvo de padecer por las terapias, cirugías o procedimientos, ni aún por contar con el privilegio de tener acceso a lo mejor de la tecnología de la medicación.

El maestro. - Bien que, es útil en la mayoría de los casos, ¿o no es tu dictamen?

Un extranjero. - Sí que lo es.

El maestro. - Significa que libra de un gran mal; de suerte que es ventajoso sufrir el dolor a fin de recobrar la salud.

Un extranjero. - ¡Ah! sin duda.

El maestro. - [1] "Aunque, la gente que no piensa con este criterio, y se ve acometida de graves enfermedades, hallase contrariamente el medio de no sufrir, evitando que los médicos le apliquen el tratamiento oportuno para curar los vicios de su cuerpo, ni usase remedios, temiendo con similar comportamiento al de los niños en la aplicación de los sistemas de cura, por el mal que causa. Sin duda, la raíz de semejante conducta está, en la ignorancia de las ventajas de la salud y la buena constitución del cuerpo; ven lo que el tratamiento tiene de doloroso, pero están a ciegas en cuanto a su utilidad; ignoran cuanto más lamentable es un cuerpo enfermo. Por este motivo, hacen los mayores esfuerzos para escapar de la medicación y para no verse libres de la enfermedad ". ¿Concederemos esto o lo negaremos?

Un extranjero. - Seguramente que concedemos.

El maestro. - [1] "Por lo que, es preciso elevarse por cima de todo, desechando todo temor, y entregándote a cierra ojos y con firmeza, como se entrega al médico a los tratamientos, para consagrarte a la prosecución de lo bueno y de lo honesto, sin tener en cuenta el dolor". ¿Estás dispuesto?

Un extranjero. - Me ajusto con lo que venga.

El maestro. - Conque dime de una vez, de manera concisa, que peligro o mal te amenaza en privarte de la razón, ya que tanto temes a la locura.

Un extranjero. - Intentaré describirlo, sin titubeo, antes no omito que es necesario contar con algo más de lo mejor de mí empeño. Te he dicho que estoy dentro de una depresión, y se concibe por el miedo a la locura; lo que en palabras escuetas es: el terror a perder el juicio. Y sucede por nada, cuando un conjunto de pensamientos se apodera de mí, repentinamente, de tal forma que estas ideas se tornan tan persuasivas que termino por aceptarlas en mi realidad. Una vez convencido, tengo por inevitable un porvenir aciago, en un martirio equiparable a los que puede causar el peor de los tormentos mentales propios de la locura; los cuales serían prolongados o interminables estados de enajenamiento y desesperación; que, en el mejor de los casos, la muerte sea el único remedio para huir de mi propia hoguera. Y quién teniendo esto como cierto, podría apenas dejar de sentir pavor. Y al comparar mis padecimientos, con los diversos caracteres o variantes de la locura, según clasificaciones de la medicina, encuentro que, las mismas descripciones, corresponden con los términos de la obsesión, y probablemente de la neurosis y quizá también de la neurastenia. Así que, en mi alma, no se agrupa ninguna cosa mayormente nociva que, las ideas o las preocupaciones que gobiernan la mente, y a lo cual se le nombra: “ideas fijas asociadas con impulsos de temor irresistible”. Y paramos en que esta definición es, el rasgo de mis padecimientos, lo que caracteriza mis obsesiones; lo que evidentemente es una enfermedad, y que además me puede llevar a enloquecer completamente.

El maestro. - Entiendo, la semejanza entre las características de tus padecimientos, con las de la obsesión, neurosis probablemente y quizá la neurastenia, es lo que te hace creer firmemente que estás enfermo y amenazado por la locura.

Un extranjero. - Exactamente.

El maestro. - En efecto, los rasgos distintivos del carácter son las ideas fijas con impulsos de temor irresistible. ¿No es preciso?

Un extranjero. - Sí, y es un caso infausto para mí.

El maestro. - ¿Y crees que, aún sin semejanza con otras enfermedades, existe algún signo tuyo que por anormal debamos considerarlo relevante?

Un extranjero. - Debe ser únicamente por las ideas fijas asociadas con impulsos de temor irresistible. Sin embargo, quisiera estar seguro.

El maestro. - Igualmente contesta lo que inquiero. ¿Cómo entiendes la salud?

Un extranjero. - Sencillo, cuando el ser humano tiene un estado en que ejerce normalmente todas sus funciones corporales y espirituales, está uno sano. O bien, no habiendo alteración en la salud. Y de resultas, como un enfermo que soy, no puedo ejercer normalmente todas mis funciones corporales y espirituales.

El maestro. - Bilateralmente, si temes más o menos a alguna enfermedad, es que temes a una alteración más o menos grave en tu cuerpo o en tu alma. ¿No es infalible?

Un extranjero. - Sí.

El maestro. - ¿Y no es verdad que para observar e identificar cualquier alteración de la salud, es factible a partir de lo que pueda manifestarse y ser percibido en el cuerpo o la mente?

Un extranjero. - Así me parece.

17

El maestro. - Luego, ¿lo que aparece o se manifiesta de tus alteraciones son, únicamente, por las ideas fijas asociadas a impulsos de temor irresistible?

Un extranjero. - Sí.

El maestro. - En junto, si las ideas fijas asociadas a impulsos de temor irresistible son, el único indicio de tu alteración, ¿significa que sólo temes a esto?

Un extranjero. - ¿Qué reputación querrías de lo que has verificado contundentemente?

El maestro. - [2] "¿De lo que he verificado yo? ¿Sostienes que soy yo el que lo ha verificado?"

Un extranjero. - ¿Quién entonces?

El maestro. - Tú obviamente.

Un extranjero. - ¡Yo! ¿En que momento?

El maestro. - [2] "Conforme iniciamos el diálogo. No te impacientes. Mira en que tenor ha sido: si te preguntara, entre el uno y el dos, ¿cuál es el mayor número, no me responderías que el dos?".

Un extranjero. - Sí.

El maestro. - Y si yo te preguntase: ¿en qué es más grande?

Un extranjero. - En uno.

El maestro. - [2] "¿Quién de nosotros afirma que dos es más grande que uno?"

Un extranjero. - Yo.

El maestro. - [2] "¿No soy el que pregunta y tú el que respondes?"

Un extranjero. - Sí.

El maestro. - Y sobre las ideas con impulsos irresistibles. ¿No soy yo el que pregunta y tú el que respondes?

Un extranjero. - Es correcto.

El maestro. - [2] "Y en una conversación de preguntas y respuestas, ¿quién afirma una cosa? ¿El que pregunta o el que responde?"

Un extranjero. - El que responde.

El maestro. - [2] "¿Y quién de los dos ha sido, tú o yo, el que ha afirmado todo lo que hemos dicho?"

Un extranjero. - Confieso que soy yo. No obstante, en estos momentos, no doy parecer ni para asentir ni para discordar. [3] "Dios quiera que nada nos apremie, o que sea de mayor importancia que seguir con nuestra conversación ".

El maestro. - No te amedrentes por tus acostumbradas conclusiones prematuras, que vamos a repasar una vez más tus palabras: primero mencionas que, inadvertidamente, te sientes acometido por fuertes temores, y entonces, un conjunto de pensamientos se apodera de ti. En seguida, explicas que te subyugan en tanto los tienes por cierto, y es precisamente de este modo como te ves atormentado violentamente. ¿Te he comprendido sin desacierto?

Un extranjero. - Sí. Y tanto más creo en ellos, tanto más hincan su fuerza asfixiante, hasta no dejar oportunidad alguna en mi ánimo.

El maestro. - Escucha, ¿cuándo sin vacilar, se cree en algunas ideas, es porque está uno persuadido de que son verdaderas?

Un extranjero. - Necesariamente.

El maestro. - ¿Pero ¿qué piensas de la persuasión? Detengámonos un momento a averiguarlo, como si exiguamente supiéramos al respecto.

Un extranjero. - Entiendo, debe ser provechoso que sea yo quien intente afianzar este concepto, para corregir las faltas que habitualmente voy dejando en el camino. Bien, es en sí: "el obligar a uno con razones a creer o a hacer una cosa"; también es: "precisar a uno con razones eficaces a que mude de dictamen o abandone el que seguía"; de otro uso es: "probarle una cosa de manera que racionalmente no la pueda negar".

El maestro. - Previenes que, si los pensamientos se vuelven fijos y asociados a impulsos de temor irresistible, es a causa de que te encuentras convencido por obra de pensamientos eficaces a cambiar de dictamen.

Un extranjero. - No es posible hablar mejor.

El maestro. - Lugo, ¿te persuaden dado que son verdaderos?

Un extranjero. - Te repito, eso creo.

El maestro. - Tocante al dolor, ¿qué alusión haremos de él? Es conveniente hablar del concepto, sin que por ello perdamos la ilación.

Un extranjero. - El dolor es: "toda sensación molesta y aflictiva que uno experimenta en el cuerpo, y que en el ánimo recae en un sentimiento de pena y congoja".

El maestro. - Se desprende de tú definición que, el dolor es lo que las heridas hacen sentir al cuerpo; asimismo, lo que la angustia, el ansia, el temor trasmiten al alma.

Un extranjero. - Sin dificultad.

El maestro. - ¿Y lo concerniente al miedo o al temor, es algo o no es nada? Toma en cuenta que tratamos de ahondar en un punto capital. Mas no repares en el miedo que instantáneamente se sufre, y al que le llaman sobresalto o susto; el cual propiamente es un excitante reflejo rápido, o una reacción nerviosa, caracterizada por ser súbita y fugaz.

En el año 1884 el Psicólogo estadounidense William James, publicó en su artículo titulado ¿Que es una emoción?, que todas las emociones tienen dos componentes: el primero comienza de manera inconsciente y se manifiesta como una expresión externa; el segundo es una expresión interna y subjetiva, ya que el cerebro se comunica con el cuerpo, pero que también el cuerpo se comunica con el cerebro, y nos describe que la experiencia consciente de las emociones tiene lugar después de la reacción fisiológica del cuerpo, es decir, después de que el cerebro responda al cuerpo. Enunciado que ha sido aceptado hasta nuestros días, por lo que se ha establecido como una reacción efectiva que: cuando nos enfrentamos a una situación potencialmente peligrosa, no evaluamos el peligro de modo consciente y luego sentimos miedo, sino que reaccionamos de manera instintiva e inconsciente, y luego experimentamos el miedo, es decir, percibimos conscientemente como nos sentimos.

Un extranjero. - Lo especifican como: "la perturbación angustiosa del ánimo, por un daño o mal que realmente amenaza o finge la imaginación"; e inclusive es: "recelo o aprensión que uno tiene de que le suceda una cosa contraria a lo deseado". [4] "Con esto entiendo que, el miedo no lo causan ni las cosas sucedidas, ni las que en lo presente suceden, sino las que uno espera; significa que, el miedo es la idea del mal que uno espera. ¿Lo apruebas?

El maestro. - Si de todas las cosas temibles, ocurre que, exclusivamente son los males del porvenir, es una cuestión que no analizaremos, a no ser que lo exija la consecuencia de nuestra conversación. Lo relevante para nosotros es saber de lo antedicho que el temor es: "la angustia creada en el alma por algún daño o mal que realmente amenaza o finge la imaginación". O de otro estilo es: "el recelo o aprensión de que suceda alguna cosa contraria de lo que uno quiere". ¿No ha sido fiel a tu exposición?

Un extranjero. - Cumplidamente.

El maestro. - Siendo así, fíjate y con el mayor cuidado dime: ¿puedes experimentar el temor, sin pensar en la inminencia de un mal o en ideas desagradables? O si lo prefieres: ¿puedes sentir temor, sin conocer ningún peligro o ninguna de las cosas que rechazamos?

Un extranjero. - Pienso que no.

El maestro. - Diremos que, ¿el temor es en parte dolor y en parte pensamiento?

Un extranjero. - Lo acepto.

El maestro. - Se sigue que, ¿estas partes están inseparablemente relacionadas o ligadas?

Un extranjero. - Cómo refutarlo.

El maestro. - Por consiguiente, el temor se constituye fundamentalmente por el dolor, en la figura de una perturbación angustiosa del alma, y por el conocimiento real o imaginario de una amenaza o idea desagradable, y por la relación o correspondencia entre ambos. ¿No hemos captado su actuación?

Hoy día los científicos conocen bien los circuitos neuronales del miedo: comienzan en la amígdala, que organiza las emociones y es especialmente sensible al temor; un estímulo alarmante llega a la amígdala, activa una representación de peligro y desencadena la reacción de alerta, siendo esas reacciones fisiológicas y conductuales automáticas; continúa con el córtex insular, una pequeña isla de neuronas, enclavada en los lóbulos frontal y parietal, que transforma las emociones corporales en conocimiento consciente; y analiza las reacciones fisiológicas, como por ejemplo la intensidad del dolor, y supervisa lo que está ocurriendo en las vísceras, los músculos, el pulso y las glándulas sudoríparas. El descubrimiento del córtex insular confirmó la teoría concebida por James, de que la reacción fisiológica al miedo precede a la percepción de ese estado afectivo. El neurocientífico y premio Nobel 2000 en fisiología Eric R. Kandel, menciona en su libro de: "La nueva Biología de la Mente" que, dos cuestiones relativas al miedo son importantes; en primer lugar, los sentidos envían señales a la amígdala que movilizan otras áreas del cerebro; lo cual se comprueba porque las neuroimágenes reflejan con precisión qué está ocurriendo y se produce esa reacción primaria; en segundo lugar, los cambios fisiológicos, en consonancia con la corteza insular, nos permiten tomar conciencia de la sensación.

Un extranjero. - En lo que concierne a mí lo es.

El maestro. - Luego, es propio acomodar los últimos términos para los pensamientos fijos u obsesivos aunados a los impulsos de temor irresistible. O no serán equivalentes, los pensamientos obsesivos, respecto del conocimiento del peligro o de lo indeseado, y los impulsos de temor irresistible respecto del dolor angustiante.

Un extranjero. - Me parece que sí.

El maestro. - Y los pensamientos fijos, están aunados a los impulsos de temor irresistible, con el mismo proceder, en que el dolor angustiante se corresponde con el pensamiento que juzga y rechaza.

Un extranjero. - En realidad es esencialmente lo mismo. No veo en que puedan discrepar de raíz el temor, respecto a los pensamientos obsesivos con impulsos irresistibles.

El maestro. - En tanto no encontremos juntos la diferencia fundamental, prosigamos, a fin de esclarecer la visión en el asunto que nos tiene. Examinemos algo más. No pierdas de vista los principios que intentaré concadenar, de suerte que nos permitan averiguar de su naturaleza y de lo que afecta: [5] "¿Cuándo alguno hace una cosa, no es necesario que haya un paciente que responda a este agente?"

Un extranjero. - ¿Cómo es eso?

El maestro. - [5] "Lo que el paciente sufre, ¿no es exactamente idéntico a la naturaleza de lo que hace el agente? He aquí lo que quiero decir: si alguno hiere, ¿no es necesario que una cosa sea herida?"

Un extranjero. - Sí.

El maestro. - [5] "Si hiere mucho o hiere de pronto, ¿no es necesario que la cosa sea herida en la misma forma?"

Un extranjero. - Sí.

El maestro. - [5] "Lo que es herido, experimenta, por lo tanto, una pasión de la misma naturaleza, que la acción del que hiere ".

Un extranjero. - Sí.

El maestro. - [5] "En igual forma, si alguno quema mucho o de una manera dolorosa, es necesario que la cosa sea quemada precisamente de la manera como se la quema".

Un extranjero. - Lo entiendo.

El maestro. - [5] "Lo mismo sucede si una cosa al cortar es grande o profunda o dolorosa, la cosa cortada es exactamente de la manera como se la corta".

Un extranjero. - Sí.

El maestro. - [5] "En una palabra, concedes respecto a cualquier otra cosa, lo que acabo de decir; que lo hecho por el agente, lo sufre el paciente tal como el agente lo produce".

Un extranjero. - Lo concedo.

El maestro. - Ahora concatenemos con este ejemplo: Si un hombre disparase una flecha con un arco, nuestro tirador sería el agente y la saeta el paciente.

Un extranjero. - Sí.

El maestro. - Aunque, al golpear, habrá una cosa herida, y otra que hiere, donde, la cosa que hiere es la flecha o el agente, y lo que es herido es la víctima o el paciente.

Un extranjero. - Sin problema.

El maestro. - En tanto que, al disparar, la flecha es paciente del que tira, es decir, la flecha es al comienzo, efecto del agente, e instantes después, es causa del daño en el paciente.

Un extranjero. - Seguro.

El maestro. - Luego, diremos que la flecha es el efecto al momento de tirar, y causa de la herida.

Un extranjero. - Sí.

El maestro. - Pero ¿será posible que la saeta sea a un tiempo, causa y efecto sobre una misma cosa; ¿causa y efecto al tirar, o causa y efecto en la herida?

Un extranjero. - Es inconcebible.

El maestro. - ¿Y sea el que fuere de los fenómenos, será posible que a un tiempo y sobre una misma cosa, un agente pueda ser causa y también efecto?

Un extranjero. - De ningún modo.

El maestro. - Ponte atento de lo que voy a decir, y similar a un guardián receloso, no permitas el paso de aquello que por extraño le desconfíes. ¿Me negarás que cambiar es asimismo convertir una cosa en otra, o bien, es ceder una cosa en otra?

Un extranjero. - No hay motivo.

El maestro. - En tal caso, no ignoramos que, para que una cosa se convierta en otra, es indispensable la existencia primero de la cosa que cede, y que no sea esta la cosa cedida. Y bien que, el agente causante del cambio no sea la cosa cedida. ¿No hace falta absolutamente?

Un extranjero. - No se si te he comprendido correctamente. Quisiera mejor que, tu explicación fuera para mí menos abstracta.

El maestro. - De acuerdo, asignemos ejemplos concretos a estas palabras: cuando el trabajo de un escultor ha transformado el bloque de mármol en una figura escultural, entonces, el bloque de mármol es la cosa que cede, la escultura la cosa cedida, y el escultor, el agente que causa o que hace que el bloque cambie a una escultura. ¿No es simple?

Un extranjero. - Sí.

El maestro. - Así que el escultor no es la cosa que cede ni tampoco es la cosa cedida. ¿No hay duda?

Un extranjero. - Ninguna.

El maestro. - Y por analogía es: cuando el zumo de las uvas se convierte en vino, donde, el zumo es la cosa que cede, el vino es la cosa cedida, y el fermento, el agente causante de que el zumo se convierta en vino.

Un extranjero. - Sí.

El maestro. - Igualmente, el fermento, no es la cosa que cede, ni tampoco es la cosa cedida. ¿No es primario?

Un extranjero. - Sí.

El maestro. - Se sigue que, es imposible que el bloque, la escultura y el escultor, puedan ser para sí mismos, causa y efecto a la vez. Lo cual se extiende perfectamente para el zumo, el vino y el fermento.

Un extranjero. - Nada más cierto.

El maestro. - Conque, es indispensable que precedentemente a la figura escultural, exista el bloque o la materia de mármol. Y que incluso, antes del vino exista el zumo de la uva.

Un extranjero. - En absoluto.

El maestro. - Consecuentemente una manzana, ¿qué ha de sucederle? ¿No es inevitable qué antes de ser cedida, exista con antelación la cosa que cede?

Un extranjero. - Sí.

El maestro. - ¿Y que la cosa que cede no sea la cosa cedida??

Un extranjero. - Sí.

El maestro. - ¿Y qué opinas del resto de los frutos? ¿No es necesario que antes de ser cedidos, exista la cosa que cede, la causa, y que ésta no será la cosa cedida?

Un extranjero. - Quién lo negaría.

El maestro. - Y en un caballo, ¿no diremos que la cosa que cede es los simientes, y que no pueden ser la cosa cedida?

Un extranjero. - Naturalmente.

El maestro. - ¿Acaso existe animal cualquiera que, para nacer pueda prescindir de la cosa que cede?

Un extranjero. - No lo imagino.

El maestro. - No obstante, las plantas, ¿poseen la propiedad de prescindir de la cosa que cede?

Un extranjero. - Ni aún las plantas.

El maestro. - Y al producirse la lluvia, ¿no le nombramos condensación, cuando el estado gaseoso del vapor de agua es cedido a un estado líquido?

Un extranjero. - Sí.

El maestro. - ¿Y no es semejante cuando, al formarse las rocas, son cedidas por el enfriamiento de una masa de minerales fundidos, o que, al depositarse un agregado de materiales naturales en la superficie de la tierra, cede, para consolidarse en sedimentos, o también, cuando por acción de la presión y temperatura, la consolidación de la roca cede a una nueva composición mineralógica?

En la naturaleza la proliferación celular es el proceso por el cual una célula crece y se divide para producir dos células hijas, no obstante, de convertirse en réplicas, al dividirse ha dejado de ser la cosa que cede, y se convierte en la cosa cedida.

Un extranjero. - Sin problema.

El maestro. - ¿Y no diremos asimismo de cualquiera de los demás fenómenos cuando toman principio?

Un extranjero. - Creo que debe ser así.

El maestro. - ¿Ahora sí es claro? Para que una cosa se convierta en otra, es necesario primero tener a la cosa que cede y en seguida a la cosa cedida, donde el agente o los agentes causantes no pueden ser la cosa cedida.

Un extranjero. - Sí.

El maestro. - Puesto que coincides, deducimos que, al temor le es imposible ser causa y efecto sobre sí mismo, y todavía, de prescindir de la cosa que cede, y, además, prescindir de la composición en que está constituido, ni factible tampoco el que, el agente o los agentes causantes sean la cosa cedida.

Un extranjero. - No es menos claro. Y se desprende de lo anterior que, los pensamientos fijos u obsesivos, o en defecto, los impulsos de temor ceden, para cambiar a la relación recíproca e inmediata de estas dos partes: -pensamientos una parte, dolor bajo el aspecto de impulsos de temor irresistible la otra parte-.

El maestro. - En tanto no lo descubramos, dejemos de lado su disposición, y custodiemos el curso de nuestra indagación; tal cual fuera una joya invaluable. Y si resulta ineludible averiguarlo, sin duda la dirección en que miramos nos llevará a ella; como si se tratara de un callejón sin salida. Así que, concéntrate en la cosa que cede, e imagina si de pronto lográramos desaparecerla; comparable a un carro de tiro, del que quitáramos los corceles. ¿Esperas sin embargo que funcione, con singular ausencia, dé lugar a la cosa cedida? ¿Qué sin problema surja el temor?

Un extranjero. - No, es impensable. Desapareciendo la cosa o alguna de las cosas que ceden, no existiría la cosa cedida. Está sólidamente asentado.

El maestro. - Si tu vigor te lo permite, empléate sin demora, e imagina también que logremos desmembrar sus partes, o impedir la relación de ambas. Siendo así, ¿esperas que no se afecte, o bien que, el temor no desaparezca?

Un extranjero. - No sería en adelante lo que es el temor.

El maestro. - En un todo, no ignoramos que, el temor no puede excluir al pensamiento que conoce y rechaza, ni tampoco el dolor angustiante. A pesar de que los agentes causantes del cambio son oscuros a nosotros.

Un extranjero. - Vamos despacio, hasta aquí convengo en que las dos partes le son indispensables.

El maestro. - Y en cuanto tomas conciencia del temor, es preciso creer en la inminencia de un daño o en lo indeseado. Y sin este pensamiento de rechazo, entendemos que, no hay espacio para el temor, o para los pensamientos fijos con impulsos de temor irresistibles.

Un extranjero. - No, ¡cómo!

El maestro. - Asimismo, has notado que, al desesperar, los pensamientos se apoderan de ti en la medida en que los tienes por cierto, y llegado a esto, te ves presionado por obra de razones muy eficaces a aceptar su dictamen.

Un extranjero. - Fatalmente.

El maestro. - [6] "Si hay alguno que al conversar con otro pretenda comprender ampliamente aquello de que hablan, vive seguro de que me precio de ser uno de ellos. Por eso, amigo mío, quiero que contestes a mi demanda, con tu propio criterio ". [7] "Aplica tu espíritu al objeto que nos ocupa, y que sea una sola cosa la que te preocupe, la conclusión a que nos conducirán nuestros razonamientos ".

Al iniciar nuestra conversación, me confesaste que un temor te acosaba, movido de ordinario, por el temor a las apariciones, apariciones que a toda costa deseabas evitar. Aunque, si por algo no se habían presentado ante tus ojos, estabas convencido de que en cualquier momento podrían revelarse; situación que tenías como un gran mal, o como el peor de los males. Después rectificaste en que, únicamente podrían inquietarte las apariciones y voces representadas por la imaginación, siempre y cuando, en condiciones extraordinarias, dejaran verse u oírse, con la similitud de las imágenes y sonidos sensibles a los sentidos. Y del mismo estilo, te moverían las imágenes que, por influjo del mundo de los muertos, se manifestaran evidentes para tus ojos y para los ojos de la humanidad. A seguida, muy a propósito, reflexionaste y te disuadiste con el argumento de que, si mucho les temías, era por creer tan solo que, muy probable o inevitablemente podías enloquecer. ¿No han sido los pensamientos que asaltan tu mente?

Un extranjero. - No lo niego.

El maestro. - Y en este nuevo contexto reiniciamos el andar, examinando los conceptos de la locura y su disposición, a partir de los principios que a nuestro juicio dejamos sentados. De los que finalmente, en unas cuantas palabras, llamamos a las características o al conjunto de signos distintivos de las alteraciones en tu alma así: "pensamientos fijos asociados a impulsos de temor irresistible"; no sin reconocer que esto es la única alteración y motivo de cuidado. Dime, ¿hay algo que no esté en su lugar o que por descuido lo hayamos olvidado?

Un extranjero. - No puede darse cosa más completa.

El maestro. - Y que, por disposición de sus partes, se requiere necesariamente que exista una relación o correspondencia de ambas; entre los pensamientos obsesivos y los impulsos de temor irresistible. Donde, los pensamientos obsesivos, deben ser eficazmente persuasivos, por contener ideas inobjetables o difícilmente rebatibles; que, a punto fijo, es como los temores son progresivamente más insoportables. Y en que, es imposible que los temores irresistibles, puedan prescindir de alguna de estas dos partes. ¿No lo hemos completado?

Un extranjero. - Con toda exactitud.

El maestro. - Por las razones de que acaba de hablarse, [8] "debes saber que, no conozco aún ninguno de los pensamientos obsesivos que te atormentan, ni el motivo que los hace ser eficaces o racionalmente innegables. No es porque no sospeche de lo que quieres referirte, con todo, no dejaré de interpelar cómo es lo que incita y sobre qué. Si yo te interrogo en lugar de comunicarte mis conjeturas es, a fe mía, para que nuestra conversación marche de manera que sepamos con claridad el asunto de que estamos tratando. Mira ahora si tengo razón para interrogarte. Si te preguntase: a qué clase de pintores pertenece Zeuxis, y me respondieses que pinta animales, ¿no tendría motivo para preguntarte qué animales pinta y sobre qué los pinta?

Un extranjero. - Desde luego.

El maestro. - [8] "A lo cual, hay otros pintores que pintan también animales".

Un extranjero. - Seguramente.

El maestro. - [8] "Mientras que, si Zeuxis fuese el único que los pintara, entonces hubieras respondido bien ".

Un extranjero. - No hay para que decirlo.

El maestro. - [8] "La aritmética y el aritmético, ¿no nos enseñan lo relativo a los números?"

Un extranjero. - Sí.

El maestro. - [8] "¿Al mismo tiempo nos persuaden?"

Un extranjero. - Sí.

El maestro. - [8] "La aritmética, por lo tanto, produce igualmente la persuasión ".

Un extranjero. - Cómo negarlo.

El maestro. - [8] "Si se nos preguntase, qué persuasión y sobre qué, diríamos, la que enseña la cantidad del número, ya sea par ya impar. Por consiguiente, estamos en nuestro derecho al preguntar, como hacíamos respecto del pintor, cuál es su objeto y a qué se refiere aquello que persuade". ¿No está la pregunta muy en su lugar?

Un extranjero. - Ciertamente está en su lugar.

El maestro. - [8] "Contesta, dado que piensas lo mismo ".

Un extranjero. - ¡Ay de mí! No es mi intención desentenderme, en verdad no sé que decir, siento mi cabeza hecha un nudo, y me da miedo al pensar que este embrollo puede volverme loco.

El maestro. - [9] "¿No consiste el deber de un buen cazador en no cansarse ni verse jamás burlado?"

Un extranjero. - Quizá suceda que no haya tales persuasiones, que simplemente, advenga por momentos un entorpecimiento o una nube en mis facultades mentales; sin recelar de que no cumplo con un uso pleno para desenvolverme.

El maestro. - [8] "Me parece que estás habituado a discurrir, pero no repones lo que pregunto ".

Un extranjero. - ¿Por qué lo dices?

El maestro. - Porque habiéndote preguntado por la naturaleza y objeto de los pensamientos persuasivos, mencionas una posible causa, de la que tú presientes, y no hablas de esas persuasiones.

Un extranjero. - "No lo esquivo, por muy inexperto que sea en esta clase de escrutinios, ni tampoco finjo tener una sofocación por estar enredado y no poder describir lo que me ocurre. Comprende, a pesar de haber experimentado sinnúmero de veces, la pasión por fuertes aprensiones, no consigo librarme de tremenda confusión, ni agregar algo que por lo menos nos sea de utilidad".

[10] "El contacto contigo es equiparable con el del pez torpedo, paraliza y desconcierta; obligas a mirarse a uno mismo, en una dirección desacostumbrada". Debes saber que, la empresa que me he propuesto contigo no es un tema fácil, aunque, ante tus ojos, o ante los ojos de cualquiera que nos quisiera seguir, nada encuentren complicado, ni motivo para desembrollar. No obstante, para mí es un serio desorden, tan serio y confuso, cual si estuviera en un complejo laberinto del que la vida dependiera el encontrar la salida.

El maestro. - [8] "En la totalidad de lo que he dicho siempre a saber, no tengo certidumbre de que sea la verdad. Así que, a mi parecer, en el curso de cada controversia, he atado y ligado entre sí las razones que demuestran que no me equivoco; y ninguno de los que conversan conmigo, han podido sostener una opinión contraria a la mía. Por lo tanto, supongo que mi opinión es la verdadera". No tienes que replicar enseguida, si lo vislumbras sin provecho. Sin embargo, no te dejes derrotar antes de que la batalla haya terminado. Haz acopio de las mejores armas, valor y razón, y no permitas disuadirte por un dictamen apresurado.

Un extranjero. - Intentémoslo de nuevo, tal como hemos venido de ordinario, llevándome con tus preguntas.

El maestro. - [11] "Qué otra cosa podemos decir, ¿mantendremos las opiniones que hemos dejado sentadas? ¿No es necesario que, lo afirmado, concuerde con lo que hemos sentado antes?"

Un extranjero. - En efecto, te comprendo, por eso no he querido responder, y sí el tener por ventajoso que tú me interrogues.

El maestro. - Toma un respiro del viento fresco para recapitular nuestro diálogo, y posteriormente me dirás: si presupones que, la causa que incita a los impulsos de temor irresistible es, un entorpecimiento que en momentos nubla tus facultades mentales.

Un extranjero. - Posiblemente sí.

El maestro. - Pero qué concepto estableceremos de las ideas persuasivas que eficazmente te hacen temer, ¿realmente no son eficaces?

Un extranjero. - Sí. Intuyo que por momentos se nubla mi juicio. Son instantes en que, por de pronto, cualquier cosa me parece persuasiva, quizá por eso, en estos momentos estoy negado para comentarlo; por ser una persuasión dependiente de esta rareza. De allí que la causa original de la enfermedad sea un mal que vino a estacionarse en mi alma, generando una corrupción secreta o desconocida, e incluso trascienda por incurable.

El maestro. - Luego, si las ideas obsesivas no resultaron ser producto de razonamientos irrebatibles, ¿diremos que son ineficaces o que no son nada?

Un extranjero. - Quizá sean razonamientos ineficaces. Te repito, lo que mayormente me inquieta es, el creer que puedo enloquecer, sin temer a ninguna cosa más que a esto y sus consecuencias. Y hemos observado que, los impulsos de temor irresistible son mis únicos síntomas, cuando los pensamientos se apoderan de mí. Que no son otra cosa las alteraciones mentales, sino la obsesión misma, motivo suficiente y causante de gran excitación; que irrefrenablemente me hace pensar en el peligro que me encuentro. Y es en virtud de lo que ya sabemos, de aquellos pensamientos que de mi alma se apoderan, mediante pensamientos que se tornan fijos por la preocupación, y se siguen inevitablemente acompañados de los fieros impulsos invencibles.

Si bien entiendo, sin objeción alguna que, para que existan los temores irresistibles, los pensamientos obsesivos deben ser inseparables de los fuertes impulsos de temor, y que es de toda necesidad creer ciegamente en estos pensamientos. Ya que, al querer saber con exactitud de las razones irrebatibles, por las que me encuentro obligado a creer firmemente en lo que tanto me preocupa, me sentí consternado, al descubrir que no existen tales razones que justifiquen las obsesiones. De inmediato mis pensamientos se vieron acometidos de gran espanto al preguntarme que, si en algo puede importar el que haya o no haya razones eficaces. Pues evidentemente, los pensamientos fijos no necesitan de ellas para ser temiblemente irresistibles. Lo que me hace pensar en una afectación mental, que aun es momentánea, no menos que puede ser permanente. Por la cual, mi explicación se circunscribe a la espantosa noticia de reconocer el poder de las ideas obsesivas; por ser diabólicamente capaces de persuadir, al punto en que, desprecian refugiarse en las razones inteligentes. Y dudo a cada paso si sea tanto su poder que, se extienda en despreciar hasta las razones ineficaces.

El maestro. - [12] "Sucede muchas veces, en los combates, que se puede salvar la vida fácilmente arrojando las armas y pidiendo cuartel al enemigo; hay mil expedientes para evitar el peligro cuando está uno en posición de decirlo todo o hacerlo todo". ¡Ah! Amigo, no pases por el baldón que espera a mis acusadores, y entrégate con arraigo a lo que ahora nos enfrentamos. Yo te lo digo, no hay cosa más importante ahora para nosotros que explorar ese nido de ideas difusas o desordenadas que tanta pesadumbre te han dado. Averigüemos, cómo te afectan, cuando son algo o cuando no es nada.

Un extranjero. - No hay para mí mayor esperanza para salir del estrecho en que vivo, que seguirte para abrir camino.

El maestro. - Empecemos por recordar lo que Anaxágoras de Clazomene ha enunciado en su teoría: [13] "Sin la inteligencia, todas las cosas estarían confundidas y mezcladas, sin la mínima desigualdad de todas ellas ". Y nos expone que: [13] "la apariencia, es una visión simplista de lo que no vemos, nuestra primera impresión, nuestros sentidos ordinarios por sí solos, son demasiado débiles para permitirnos juzgar la verdad, pero esto, nos menciona, no significa que la verdad sea inaccesible; la reflexión y la experimentación pueden señalar el error y descubrir el orden ". Y añade: [13] "en la inteligencia ha de hallarse un principio ordenador, que penetra ilimitadamente todo lo que existe, extrayendo la forma de lo amorfo, ha de ser, nos detalla, algo que nunca reposa, algo siempre activo, algo que avanza interminablemente. En fin, que, de no proceder con ella, dejaría de existir toda distinción, porque es el preludio de la creación del universo; la fuerza que crea el orden a partir del desorden, la causa suprema, lo más alto que conocemos. ¿Supones que se ha equivocado?

Un extranjero. - Presumo que no.

El maestro. - De aquí que, la inteligencia es capaz de sostener y mantener al hombre.

Un extranjero. - Cómo no ha de ser, es ciertamente lo que hace al hombre.

El maestro. - Y no le llamamos también ingenio, si después de discurrir o inventar cosas conseguimos lo deseado o resolvemos dificultades.

Un extranjero. - Por supuesto. Es el conductor y guía en la imaginación, es el autor de la supervivencia del hombre en la tierra.

El maestro. - [14] "Entonces, ¿consideras que sea útil y bueno que la inteligencia establezca el orden y el arreglo, para que reine en una casa o en una nave "?

Un extranjero. - Por descontado lo acepto.

El maestro. - [14] "Y usando los mismos vocablos respecto a nuestro cuerpo. ¿Qué me contestas?"

Un extranjero. - Que sí.

El maestro. - [14] "De nuestra alma. ¿No lo estará si establece íntegramente en ella el orden y la regla?"

Un extranjero. - Sí.

El maestro. - [14] "Me parece que, se da el nombre de saludable, si la inteligencia mantiene en el cuerpo, el orden de donde nacen la salud y el resto de las cualidades corporales buenas ". ¿No es verdad?

Un extranjero. - A mi entender sí.

El maestro. - [14] "Y será ley y legítima, si ella mantiene en el alma el orden y la regla, mediante los que se conforman los hombres morigerados y justos, y cuyo efecto es la justicia y la templanza ".

Un extranjero. - Sí.

El maestro. - Conque, en los momentos en que las ideas son obsesivas y se acompañan de los impulsos de temor invencible, la inteligencia se oscurece, e inevitablemente el orden y el arreglo se alteran o se trastornan.

Un extranjero. - Eso mismo pienso.

El maestro. - En tanto obre o permanezca de este modo, difícil o muy difícilmente podrías poner de relieve las cualidades y relaciones de la naturaleza de las cosas. Por lo que, a partir de los sucesos de algún hecho, las razones y conceptos no podrán ser encadenados a inferencias naturales y legítimas que justifiquen lo acontecido, ni podrán aducir en apoyo a demostración alguna. En fin, todas las cosas quedarían confundidas y mezcladas.
De allí que, sin ser efectivamente persuasivas, cualquier idea te seduce. ¿No se cumple de tal suerte?

Un extranjero. - Rotundamente sí.

El maestro. - Y así, en condiciones de caos o desintegración, tus razonamientos muestran incongruencias; con la secuela inocultable de que, al desenvolver un pensamiento, es embarazoso o irrealizable el encaminarte hacia algún objetivo, y precisar en este tema o en el que desees elegir.

Un extranjero. - No te sientas obligado a repetirlo. Lo concedo por entero.

El maestro. - No acostumbro a dejar mis obligaciones en manos de las sensaciones; como si antes de tener en cuenta la importancia de cada paso que damos, me cuidara de no cansarte ni incomodarte por cosa alguna.

Por ello, volvamos al asunto. [15] "Sospechaba que en este proceder se derivaban tus anormalidades, sin embargo, no he querido decir nada, para que no te sorprendas si en el curso de la discusión yo te apremio con cosas que parecen evidentes. No es por inclinarme a una parte, sino para que la discusión marche con finalidad, y que no contraigamos el hábito de prevenir y adivinar nuestros pensamientos por vanas conjeturas ".

Si no estás insatisfecho, vamos adelante y examinemos los dos el caso en que interactúan ciertas ideas en el hombre cuerdo.

Hay una cosa que aparece en nuestra mente y se llama imagen, en la cual se gravan los colores, las formas y los tamaños del mundo material; que se introducen por el sentido de la vista, y se asimilan por los atributos del ser humano.

Un extranjero. - Sí.

El maestro. - Por esto, sobre un objeto determinado tenemos imágenes particulares y concretas.

Un extranjero. - Prosigue.

El maestro. - Antes bien, es la lógica quien ha llamado idea o concepto a la representación intelectual de la imagen. Dicho con un ejemplo, sabemos que hay naves de diversos tamaños y figuras, y esto obedece al ingenio del constructor, quien fabrica según el servicio que quiera destinar a cada una; por ello existen los trirremes empleados para la guerra, y de éstas las hay largas para transportar los soldados, pero las hay ligeras, y existen las galeras fenicias, también para la guerra; aunque disímiles todas en la distribución de espacios para sus remos. ¿No es un hecho?

Un extranjero. - Sin duda.

El Maestro. - No obstante, el concepto de barco es uno sólo. Objeto más o menos cóncavo flotante que sirve para el transporte en el agua.

Un extranjero. - Ya entiendo el rasgo de cada uno.

El maestro. - Y lo mismo puede decirse de las sillas. De las cuales el concepto es el de ser un mueble para sentarse.

Un extranjero. - Sí.

El maestro. - Con el antecedente, ya tenemos en claro que, en la mente hay imágenes y conceptos, diferentes ambos en sustancia.

Un extranjero. - Me parece correcto. Adelante.

El maestro. - Llamemos a estos conceptos simples, ideas en las que no se afirma ni se niega nada, que son neutrales, y escasamente refieren la existencia de los objetos. Como son las palabras: amor, verdad, hombre, casa, libro, blancura, belleza; que normalmente pueden expresarse con una sola palabra, si bien, no es obstáculo expresarlas en dos o más palabras; fíjate: "las verdes hojas del verano". ¿Me has comprendido?

Un extranjero. - Sin problema.

El maestro. - Por último, diremos que, si no se pueden imaginar; carecen de color, tamaño y figura. Y del total de ellas, quizá, no encontraremos ninguna más elemental que la palabra ente, o ser, o cosa, o Dios. Por consiguiente, pueden representarse con una o varias palabras. Y que, en consecuencia, no posee un efecto persuasivo en la mente. ¿O estaremos equivocados?

Un extranjero. - No pude negarse de acuerdo con el precedente.

El maestro. - Llegados hasta acá, y si reconocemos la validez de lo que dicen del juicio, se deduce que es: "la afirmación de la relación entre dos ideas"; o sin apartarnos de tu léxico: "la expresión que afirma o niega algo"; lo que involucra un pensamiento completo; ejemplifiquemos: "el hombre está sentado en el banco, las hojas son verdes". Juzgar es lo mismo que afirmar o negar algo, es en suma, un conjunto de ideas relacionadas entre sí, que afirman o niegan la existencia de alguna cosa.

Un extranjero. - Sí que lo reconocemos.

El maestro. - Dejemos el estudio de la lógica para una mejor ocasión. Y aceptemos o neguemos lo que tengas que decir del raciocinio.

Un extranjero. - Sea como digas. Se arguye del raciocinio que, es la participación de varios juicios ligados con un determinado orden; tal cual hemos venido hablando.

El maestro. - Si ya puedes distinguir entre la idea, el juicio y el concepto, regresemos al punto que dejamos inconcluso y contesta, ¿qué ocurrirá con los juicios que son eficaces para persuadir, ¿cuándo la relación entre el conjunto de ideas no es clara?

Un extranjero. - Que, vinculados de una manera vaga, tendría necesariamente un significado confuso.

El maestro. - Luego, los juicios o los argumentos que de aquí deriven, serán inadmisibles o indeterminados.

Un extranjero. - Es de esperarse.

El maestro. - Finalmente, un hombre sensato creerá en semejantes ideas, o será persuadido por absurdos juicios acompañados con insoportables agitaciones por el horror. ¿Será factible que le suceda?

Un extranjero. - Es inconcebible.

El maestro. - Aun con el concepto anterior, piensas que, las ideas fijas u obsesivas que se asocian con los impulsos de temor invencible no contienen argumentos o razones eficaces, y quizá tampoco ineficaces para persuadir; en breve, a pesar de ser vagas ideas, te resultan muy sugestivas.

Un extranjero. - A cuál más.

El maestro. - Y que, si crees firmemente en ideas absurdas o inconexas, ha sido por afectaciones temporales que desordenan en cierto grado tus facultades mentales; debido al repentino desorden, durante el cual y exclusivamente entonces, las ideas son obsesivas y muy dominantes.

Un extranjero. - Te digo que sí.

El maestro. - Puesto que, en esta situación, es ineludible creer en la inminencia de un mal; como si se sustentase con argumentos irrebatibles. Y cuanto más creas en aquellas ideas, lo serán de temibles. ¿No es lo que te pasa?

Un extranjero. - Has pintado fielmente mi enfermedad.

El maestro. - Ahora, reflexionemos con un fresco planteamiento: ¿Nunca antes miraste a hombres cabalmente cuerdos y que sin embargo temen a muchas cosas?

Un extranjero. - Los he visto, sí, aunque no hay punto de comparación conmigo, porque no temen tanto, ni por cosas tan absurdas.

El maestro. - ¡Por todos los Dioses!, ¡no tan absurdas!

Un extranjero. - ¡Eso he dicho!

El maestro. - Después de un largo rodeo, henos aquí otra vez.

Un extranjero. - ¿A que te refieres exactamente?

El maestro. - Tan solo sígueme. Te suplico estés atento, no nos suceda que, sin darnos cuenta, conversemos de una manera frívola. Las ideas fijas asociadas a los impulsos irresistibles son: ideas confusas que momentáneamente parecen ser muy persuasivas, pero que libres de los momentos de turbación, no pueden continuar siendo temiblemente persuasivas; bien que, fuera de estos desvalidos momentos, las operaciones mentales de tu alma cumplen plenamente sus funciones; en una inteligencia que dispone de la capacidad normal como para ejercer un cargo o una responsabilidad. No obstante, vives atemorizado por no enloquecer, pues fuera de los momentos de obnubilación, eres harto capaz de discernir unas de otras, o imitando tu expresión, de discernir entre las ideas "tan absurdas ", de lo que no está desprovisto de razón. Y es precisamente este hecho, lo que me hace dudar de la causa a la que atribuyes todos tus males. ¿Puedes explicarme? ¿Cómo es que vives con un miedo cerval a la locura o, mejor dicho, a las ideas tan absurdas estando en plena lucidez, y que no has tenido el menor viso para sospecharlo?, porque de no ser así, ¿cómo hasta ahora tanto te ha consternado descubrirlo? Y si no puedes formularlo con sencillez, trata de exponerlo nuevamente. No te desanimes si tienes que repetirlo, lo haremos las veces que sea necesario. Recuerda que no se hacen las mejores piezas de loza en el oficio de aprendiz de alfarero.

Un extranjero. - No esperes que sea yo quien procure aclarar semejante enredo. Conque, si tú mismo no me aclaras lo que ves contradictorio, es de esperar que, antes de desatar alguna cosa, me enrede sin solución; especialmente de aquello que además de tenebroso, me es aterrador cada vez que intento penetrarlo.

El maestro. - Toma aliento, y haz lo que los soldados espartanos en la guerra: "siente que no posees más que un alma y una voluntad". Ten presente que, tu única obligación es cumplir con tus tareas lo mejor posible, ya que, de no salir victorioso, tu mejor consuelo será haber realizado lo correcto. Sé generoso y concédete una tregua, con tal que no reserves ningún pensamiento que aporte concisión.

Un extranjero. - Gracias por ser paciente conmigo, que, ante ti, únicamente tienes a un hombre sitiado por el enemigo.

El maestro. - [16] "Es bueno que las cosas importantes se mencionen dos y tres veces ", de suerte que reafirmes lo que ya sabemos: el temor es, en parte el pensamiento que apercibe una amenaza, y en parte un sentimiento de angustia, que ambos son diferentes y que están ligados en una correspondencia.

Un extranjero. - ¡Lo sé!

El maestro. - Que al temor le es imposible prescindir de alguna de estas partes.

Un extranjero. - Sí.

El maestro. - Luego, le hace falta el pensamiento que juzga y rechaza.

Un extranjero. - Sí.

El maestro. - Y en la medida que lo tienes por cierto, obsesiona con firmeza.

Un extranjero. - Lo tengo presente también.

El maestro. - Y que nuestro pensamiento, puede creer en un riesgo real o en uno puramente imaginario.

Un extranjero. - Sí.

El maestro. - Naturalmente, el hombre cuerdo cree en cosas imaginarias, no por ello aceptará ideas evidentemente absurdas o inconexas.

Un extranjero. - Estoy conforme. Y créeme que después de tales excitaciones de tu parte, sería vergonzoso no hacer los mayores esfuerzos para continuar.

El maestro. - Si has hablado con el corazón, vamos adelante nuevamente. Toma aire fresco y convierte mi pregunta en tu objetivo, y dame por lo menos una idea general. ¿Cómo ha sido que las ideas obsesivas son infaliblemente persuasivas?

Un extranjero. - ¡Por Dios! Si por algo me he abstenido en tratar de describirlas, es meramente por el hecho de no haber logrado, tras algunos intentos, identificar razones coherentes, en medio de una serie de ideas, las cuales son tan pronto argumentos que intentan persuadir, como ideas fijamente persuasivas; las mismas ideas ora son fundamento ora son término en un argumento; y el miedo sin cejar, unido a mí, con aquella confinidad que existe entre el pez y el agua. Por lo cual pienso que, es mi única preocupación, la creencia ciega de enloquecer y sus incesantes e inevitables conclusiones, sin otros pensamientos que, la misma idea de enloquecer y los que por esta fatalidad abultan incontrolablemente mi imaginación. Conque, si las mismas ideas tan pronto son argumento como termino, no encuentro sentido para interpretarlas, ni para explicar con claridad los pensamientos que me atan, pero que eficazmente me convencen.

El maestro. - No es menos que un buen principio, y no supongas que no has aventajado. Está visto, y tú no ignoras que, no dejaré de insistir con mis preguntas, tantas veces y de tantos modos, según lo requiera el diálogo. No consientas distracción alguna y ocúpate en este planteamiento: tu temor es, la relación inmediata entre los impulsos angustiantes y las ideas fijas u obsesivas, mediante una correspondencia muy estrecha; siendo las ideas obsesivas muy persuasivas, tan poderosamente persuasivas que no es posible librarse. Con la salvedad de no ser creíbles en condiciones mentalmente normales, por ser pensamientos desconcertantes; que, sin pasar por ningún juicio, tan pronto son proposición, como conclusión en un argumento. Si asientes, vamos adelante, o volvamos a donde tus opiniones hayan mudado.

Un extranjero. - Debes creerme que, no he escatimado mi esfuerzo, y no alcanzo a descifrar por qué la idea de enloquecer se hace junto con otras ideas, suficientemente fuerte para seducirme; tanto que verdaderamente me es muy difícil determinar, cómo empiezan y cómo concluyen. Elevándome por cima de todo, lo repito, haré un intento para esclarecer este suceso, no sin enterarte que, no estoy seguro de que así sea. Tomemos un punto de partida, en el cual supondremos que me encuentro invadido por el miedo; soportando un intenso dolor angustiante, ocasionado por el peligro inminente de un mal que categóricamente no deseo. En este estado, hay en mí una relación entre dolor y el conocimiento de una amenaza. ¿No es lo que sobreviene?

El maestro. - Es lo que tú has relatado.

Un extranjero. - En tal situación, no veo mayor amenaza que a la idea de enloquecer, ya que así lo siento. Luego, al ser una amenaza dicha idea, resulta por tanto persuasivas. Y no hallo palabras que no sean para estar dando vueltas y más vueltas, para tratar de explicar con sensatez el problema.

El maestro. - ¡No es menos absurdo!

Un extranjero. - ¡No lo entiendes!, son efectivas para persuadirme, y no por eso estoy negando lo que hasta aquí tú y yo hemos afirmado.

El maestro. - ¡Digo que no! A no ser que me obligues a aceptarlo por la fuerza, lo concedo.

Un extranjero. - [17] "Debes saber que no es fácil estando uno cerca de ti, evitar responderte. No dejas en paz a los que se te aproximan y los fuerzas a que luchen de palabra contigo".

Cómo lo expondré,... La amenaza es la idea de volverme loco, y está sustentada con la creencia firme de que no es posible evitar sufrir de este mal, y me pregunto: cómo podría evitar el inminente peligro, sí sé que, para afligirse por algún temor, es necesario estar persuadido de alguna amenaza, y la amenaza que me atormenta, es la idea de que es inminente el peligro de volverme loco; entonces esta idea se planta amenazante, pues verdaderamente temo enloquecer, y yo sé que enloquecer no es menos que padecer grandes tormentos, producidos por el temor mismo; y termino por aceptar que seré infinitamente desgraciado con la locura. Así y todo, no ignoro que si temo enloquecer es porque temo al temor. Tampoco dudo, ni por un instante que, ha sido escasamente un enredo de ideas incoherentes, lo reconozco, y peor aún, me entristece el pensar que esto es motivo de entorpecimiento o ruina de nuestro diálogo, incluso, me atemorizo al imaginar que sin tu ayuda, sería imposible refrenar el trastorno que me causan estas ideas; las cuales me parecen un horrible circulo vicioso; y subsigue que, sin remedio y consumido por mi suplicio, aceptaría por cierto, lo que desmedidamente me conturba: las ideas más tormentosas que mi mente puede crear. Figúrate, he llegado a tolerar, por momentos, ya sea en sueños o en vigilia, el pavor indescriptible, por creer que estoy o puedo encontrarme, eternamente, en un espacio tan reducido que, siquiera sea posible cambiar mi cuerpo a una posición más cómoda; idéntico a un cuerpo humano que es enterrado sin ataúd o atrapado entre las rocas; en un mundo en el que es factible vivir para siempre así, que es oscuro sin comparación, sin un Dios, sin tiempo que me permita recordar mi principio ni imaginar el final; como un mero producto de la casualidad que carece de significado. Si pudieras creerlo, por unos segundos, sabrías el horror que he llegado a experimentar, y es precisamente de esta locura que a Dios le pido me preserve. Ahora bien, por mucho que me pese, es un pensamiento pasajero por sí mismo; por no estar ligado con alguna amenaza cercana. No paremos en esto en tanto sea efímero; que, en concreción, se allega más a una intensa y transitoria experiencia por asfixia, que a una enigma o cuestión que nos plantee un reto. Máxime cuando evoco los consejos que le diste a Axíoco en su lecho de de muerte: "Eres juguete de un nuevo error, de allí tu miedo a la muerte; temes verte privado del alma, y atribuyes un alma a la privación; tienes miedo de ser insensible, y te imaginas una sensibilidad que te dé cuenta de tu insensibilidad". Por lo que, pasemos de largo y concluyamos que, si por algo temo a la locura, es por causa de temer a los temores que ella me ocasiona; que, si temo a los temores, es motivo de creer firmemente en que sería inevitable temer a los temores; y de esta suerte, si no logro dominar los impulsos angustiantes, la desesperación aumentaría incontrolablemente, cayendo en un desorden irrefrenable de ideas extremadamente tormentosas. ¡Júzgalo tú!

El maestro. - No es más difícil cocer una piedra a que hables explícitamente. Espera, por más que te abrume lo complicado del camino, sígueme para salir del ahogo.

De todo lo que he expuesto, no creo haber dialogado nada que merezca la pena sobre el objeto de nuestra plática, si tú mismo no has dado testimonio de la verdad de lo que digo. Y por tu parte, tampoco has adelantado nada, si yo no depongo en tu favor.

Un extranjero. - Lo sé.

El maestro. - Haciendo un remedo de tu lenguaje, aseguras que no existe para ti mayor inquietud que, el temor por la amenaza a la locura; que si por algo temes a la locura, es porque enloqueciendo, irremediablemente padecerías los insufribles tormentos que la locura te produce. Que es inexcusable refrenar los impulsos de temor que ahora te atormentan, y si por la fatalidad no los detienes, enloquecerás, con un sufrimiento indecible, a causa de las ideas tormentosas y descabelladas; sin mayor límite que por la amplitud de la imaginación; equiparable éste, con la venganza del más atroz de los enemigos.

Un extranjero. - No es menos.

El maestro. - [18] "Estate listo amigo mío, que voy a estrecharte con mis preguntas, para examinar detenidamente tu propio juicio ".

Un extranjero. - Por supuesto. Y quiero que sepas que me considero afortunado porque te interesas en mis problemas.

El maestro. - Mira que te empeñas en sentar por base ideas totalmente irracionales. Considérala aplicada a otros objetos y te parecerá, estoy seguro de ello, perfectamente irracional.

[18] "¿Concibes una vista, que no viese ninguna de las cosas que ven las demás vistas, pero que sea la vista de sí misma y de las demás vistas, y hasta de lo que no es visto? ¿Concibes una vista, que no viese el color, a pesar de ser vista, aunque que se viese a ella misma y a las demás vistas? ¿Crees que semejante vista existe?"

Un extranjero. - No

El maestro. - [18] "¿Concibes un oído, que no oyese ninguna voz, y de ordinario se oyese a sí mismo y a los otros oídos, y hasta lo que no es oído?"

Un extranjero. - Tampoco.

El maestro. - [18] "Considerando todos los sentidos a la vez, ¿es posible que haya uno que sea el sentido de sí mismo y de los otros sentidos, mas no sienta nada de lo que los otros sentidos sienten?"

Un extranjero. - No ciertamente.

El maestro. - [18] "¿O que haya un deseo, que no sea el deseo del placer, y que sólo lo sea de sí mismo y de los otros deseos?"

Un extranjero. - No

El maestro. - [18] "¿Una voluntad, que no quisiese ningún bien, y que comúnmente se quisiese a sí misma y a las otras voluntades?"

Un extranjero. - No.

El maestro. - [18] "¿Puedes concebir que exista un amor, que no es el amor de ningún género de belleza, sino de sí mismo y de los otros amores?"

Un extranjero. - No.

El maestro. - [18] "¿Puedes imaginar una opinión que es la opinión de sí misma y de las demás opiniones, y que no se refiere a ninguno de los objetos ordinarios de la opinión?"

Un extranjero. - No.

El maestro. - [18] "¿Puedes imaginar una ciencia que no es la ciencia de ningún conocimiento particular, sino la ciencia de sí misma y de las ciencias que discrepan?"

Un extranjero. - No lo imagino.

El maestro. - Y habiendo accedido a cada una de mis peticiones, ¿afirmas que existe un temor que se teme a sí mismo y a los demás temores, pero que no teme a ningún peligro ni mal?

Un extranjero. - Se que estoy ante una ambivalencia, y sin embargo pareciera que el miedo tuviese el poder de originarse por sí mismo, o que necesitando de cierta cosa, supiera proveerse de ella por algún hado. Es absurdo lo sé, pero me persuaden sin reponer, sin lograr distinguir claramente la falta de congruencia para dejar al fin de creerles; de igual modo en que una sola voz se hace muchas con el eco, la idea del temor se torna en muchas, volviéndose consigo preponderantemente sugestiva.

El maestro. - [19] "¿Hablas por tu cuenta, o es una respuesta, o me planteas el asunto? Ciertamente no te comprendo ".

Un extranjero. - Te he contestado. Y si eliges recibir la pregunta, cuanto mejor.

El maestro. - ¡Enhorabuena! [19] "De cuál de las dos quieres que hablemos primero, advierte que son dos preguntas dispares". Una: si el pensamiento que contiene a dicho conjunto de ideas es capaz de persuadir por sí mismo. La segunda: de la habilidad que tiene en proveerse de alguno o de variados pensamientos.

Un extranjero. - Ya que lo has hecho perceptible decide lo que mejor acomode.

El maestro. - Reflexionemos de lo que ocurra, cuando sin más ayuda, el conjunto citado, es bastante para hacerse irresistible. Dijimos que, si conceptos simples se relacionan de una forma vaga, observaremos imperdonablemente un argumento confuso. ¿Lo recuerdas?

Un extranjero. - Por supuesto.

El maestro. - ¿Y no eres de mi opinión referente a que: si son inapreciables, por ser ellos vagos o confusos, ¿será en virtud de que la relación que existe entre dichos conceptos no es ni natural ni legítima?

Un extranjero. - ¿Desembrolla eso?

El maestro. - Que cuando los conceptos o las ideas se suceden unos de otros, no lo hacen con el orden que sigue la naturaleza y la razón; en que tal orden es mediante condiciones obligatorias, o exclusivamente en condiciones necesarias que derivan de la naturaleza. Conque al sucederse, no se sujetan a ninguna regla ni se someten a ninguna ley; como si sostuviéramos que: "todos los animales nacen blancos". En este ejemplo, te pongo un conjunto de ideas, donde, unas y otras se agrupan tal cual aparecen, no obstante, la relación que entre ellas existe no es consecuente con lo natural; dado que racionalmente no hay conexión entre: "todos los animales", con el hecho de," nacer blancos". ¿No lo compartes?

Un extranjero. - Sí, se opone a una condición natural.

El maestro. - ¿O es congruente decirte que, no todo cuerpo animal, es mortal?

Un extranjero. - No por Dios.

El maestro. - O que todo hombre es justo, para en seguida afirmar que ningún hombre es justo.

Un extranjero. - Tampoco.

El maestro. - O si yo te asegurase que todos los números son pares.

Un extranjero. - No sería legítimo.

El maestro. - Ahora Joven amigo, ¿no coinciden con aquel conjunto de ideas que tanto te sugestionan; puesto que, si con oportunidad devienen, son racionalmente inconexas.

Un extranjero. - Tal parece que sí.

El maestro. - Así que, no se avienen a las condiciones obligatorias que siguen la naturaleza y la razón.

Un extranjero. - Al parecer no.

El maestro. - Luego, les crees, ¿o no te persuaden eficazmente?

Un extranjero. - No exactamente.

El maestro. - Quizá sea que, espontáneamente y sin la menor intervención del pensamiento, se ordenen para ostentarse creíbles.

Un extranjero. - Cómo podrían ordenarse así, de buenas a primeras. Y aunque de propio impulso pudieran, en cualquier dirección son absurdas por sí solas.

El maestro. - O quizá en un acto mental que no recuerdas, este conjunto de ideas desaparezca y aparezcan ideas efectivamente persuasivas; como si se tratara de un fallo de la memoria en el que de buenas a buenas, surgen en un arreglo nuevo y natural, en lugar de las anteriores; pasando por cima de toda lucubración del pensamiento, con la velocidad en que el relámpago se desprende de una nube.

Un extranjero. - No, realmente no es este su provenir.

El maestro. - [20] "Si adviertes que asiento como verdaderas cosas que no lo son, interrúmpeme y desmiénteme, que no hablo yo a la par de un hombre seguro de lo que dice, mas busco contigo y en común la verdad. Por lo tanto, si aprecio que me niegas algo y tienes razón, presto me pondría contigo de acuerdo ".

Basados en esto, voy a continuar ahondando en la materia: Del temor: ignoramos la causa o las causas primarias que lo originan; que probablemente obedece a una sutileza más del alma, y es parte de la excelsa complejidad humana, y de la que no pretendemos explorar.

Lo cual no impide conocer que, al temor le hace falta absolutamente el pensamiento que juzga y rechaza al mal o al peligro.

Un extranjero. - Presumo que un día no tan lejano, podrá ser aclarado con detalle el misterio que se oculta hoy.

El maestro. - Afortunadamente no es forzoso esperar a que ello ocurra, antes contesta concretamente mi pregunta: cómo ha sido posible creer en las ideas absurdas de temer a los temores, y que por esto, será inevitable perder definitivamente el juicio, cuándo a un tiempo, reconoces la imposibilidad que tienen en persuadirte cualesquiera otras ideas insensatas.

Un extranjero. - No es eso. Sobreviene que, con frecuencia, por un extraño motivo y sin que quepa preverlo, surgen sin rastro, los impulsos de temor aunados con ideas temibles, los cuales, si se analizan cuidadosamente resultan ser absurdas. Antes, por el contrario, de no examinarlas con detenimiento, se tornan rápidamente muy convincentes; circunstancia que he vivido en carne propia, en repetidas ocasiones. La experiencia, me ha permitido confirmar que, es preciso no huir de las ideas temibles, ni tampoco desafiarlas, únicamente, dejándolas en posición de poderlas observar en completa paciencia; lo que permite juzgarlas conforme a cualquier pensamiento irrelevante, o como ideas meramente inconexas. En seguida, los impulsos de temor desaparecen, y me siento, momentáneamente, dueño en el dominio de mis pasiones; creyéndome el ganador de una encarnizada batalla; parecido a los generales que engañados por la estrategia del enemigo, proceden con la ilusión de la victoria, pero sólo para caer en la trampa fatal; ya que, después de un período de relativa calma, es cuando nuevamente, sin que quepa preverlo, se manifiestan los impulsos de temor aunados con ideas similares, y reincidentemente me veo obligado a examinarlas con detenimiento, si bien, termino por descubrirlas inofensivas. Imaginas esta historia multiplicada infinidad de veces, no es acaso por las razones de que acabo de hablar una lucha sin cuartel. Y me acoso preguntándome:

"me servirá de algo llevar a cabo inteligentes pensamientos con enormes esfuerzos para superar los temores". No es a la sazón semejante a los trabajos en que un auriga estuviese forzado a dirigir sus fogosos caballos, dando vueltas y más vueltas, por una huella cruel, hasta que los caballos tropezaran o se debilitaran sus rodillas.

El maestro. - Si aseguras que las ideas absurdas no son persuasivas, procedamos con la segunda pregunta: acerca de la habilidad que mencionas cuando, las ideas obsesivas pueden proveerse de otros pensamientos; los cuales, imprevisibles y súbitos son puramente absurdos, aunque incontenibles. ¿No es lo que tú has afirmado?

Un extranjero. - Sí, lo dije. Mi intención no es evadir el punto, sino respirar con desahogo.

El maestro. - Si no estás para auxiliarte ahora, no te anticipes ni te desmoralices, que el velo que nos ofusca, no se nos ha de permitir recorrerlo, si antes no se busca con la cabeza fría y el corazón sereno. En lo que a mi concierne, no pienso huir de la prisión, ni por las insistencias de mis amigos, a no ser que la voz de mi demonio interior me lo comunique*.

Un extranjero. - Te suplico no tomes en cuenta el orden de lo que intento describirte, entiende que no puedo darme el lujo de los que son versados en el arte de perorar. Estoy cierto de que estas ideas obsesivas son absurdas para quien preste oídos; como sería el acto de pensar, sin cuenta y razón, a cierra ojos, que estoy destinado a lo funesto, que voy a enloquecer irremediablemente, o que nunca lograré el dominio sobre mis temores. Si no está en algo más que en esto, es porque no hay sustento para tenerlas por cierto, sin embargo, les creo momentáneamente. De aquí que, mi mayor preocupación es verlas brotar incesantes, comparable a una fuente inagotable; condenado por esto a permanecer vigilante, día y noche, hasta sobrepujar el límite de mi tolerancia. Me figuro que las mentadas ideas fueran ratas carnívoras que rápidamente trepan mi cuerpo, y por mucho que las sacuda, suben más de las que caen.

El maestro. - Lo que en realidad temes, es a no poder refrenar la creencia de ideas absurdas y obsesivas, al pensar que se trata realmente de una fuente inagotablemente de ideas aterradoras.

Un extranjero. - Eso es lo que alcanzo a vislumbrar.

El maestro. - Se sigue que: las ideas absurdas se proveen o apoyan en estas últimas. O en breve: se apoyan en la creencia de la imposibilidad de controlarlas, y con pertinencia se vuelven conjuntamente temibles. O en diferente enfoque: son estas últimas ideas que han sabido proveerse de pensamientos absurdos para persuadir unidas.

Un extranjero. - ¡Comprendo!, son aquellas tontas ideas que se proveen necesariamente de otros pensamientos, dado que por sí solas no dicen nada y no pueden nada.

El maestro. - Vamos, cuéntame al respecto, que quiero yo también averiguarlo con detenimiento. A qué te refieres cada vez que te encuentras precisado a realizar inteligentes pensamientos mediante enormes esfuerzos, o a examinar cuidadosamente las ideas temibles, para así identificarlas como: “singularmente absurdas”. ¿Por ventura viene de una gran labor, descubrir lo que es inteligiblemente absurdo?

Un extranjero. - ¡Por Dios, no!

El maestro. - Joven amigo, de sobra lo sabes, no hay salvedad que nos obligue a responder inmediatamente nuestras preguntas. Si estimas que no tienes que agregar, terminemos por hoy, y mañana, con tu ánimo renovado continuamos, o si lo prefieres, tomate un descanso, con tal que continúes dentro de los lineamientos que exige nuestro diálogo; con la concisión y alternancia que requieren las preguntas y respuestas.

Un extranjero. - No, no. Por mi no te detengas, que la cuestión misma a la que me has hecho llegar, me tiene tan intrigado que ansío proseguir.

El maestro. - Si es tu decisión, te escucho.

Un extranjero. - Por grande que sea mi ahínco, estoy a oscuras, con el intelecto congelado, e insistiéndome: ¿qué trabajo es ese? No, no hay tal cosa, siempre y cuando sean francamente absurdas y en esta modalidad se muestren. ¡Pero qué digo! Si, en suma, lo que he dicho es la pura verdad, cómo ha venido a surgir una novedad que ya conocía yo. Es desconcertante admitir que: "el advertir constantemente en lo irracional, no representa ninguna fatiga ni esfuerzo siquiera". Y si innegablemente me has hecho expresar lo que es exacto, es una consecuencia inocultable inferir que, al no existir tales esfuerzos, no existirán tales amenazas. No es difícil conjeturar de lo pasado que, mis mayores males han estado sustentados en la sutileza de creer que puede dar lugar al temor, antes de que exista la amenaza. Lo cual implica que, la alteración de este delicado orden es el principio fundamental de mi terrible angustia; que en una palabra ha sido: creer que es posible, temer al sufrimiento del temor.

Antes bien, buscando darles un significado claro a las conclusiones, me vino a la mente lo que Anaxágoras de Clazomene descubrió al respecto, y que refiere detalladamente en sus escritos. Pensamientos que tú has exhibido en diversos foros, y a los que interpreto con la confianza de haberlos comprendido debidamente. Decía que: [21] "la apariencia es una visión simplista de lo que no vemos, nuestra primera impresión, nuestros sentidos ordinarios por sí solos, son demasiado débiles para permitirnos juzgar la verdad, con todo y todo, no significa que la verdad sea inaccesible; la reflexión y la experimentación pueden señalar el error y descubrir el orden ". Y no creo que se haya equivocado al respecto, ya que en algún momento de su vida adoleció también de un interludio de desorden mental; puesto que de un estado de sorda desesperación supo levantarse. Y halló, según lo indican sus escritos que: [21] "ninguno de los factores

extraños que contribuyeron a hacerlo adoptar insanas resoluciones, eran importantes; que sólo la desorganización de su naturaleza le impulsó, contra su juicio, a exagerarlos fuera de medida ".
Por ello, si lo que Anaxágoras afirma es cierto, y nosotros no nos hemos engañado al llegar inopinadamente a los mismos puntos, y redundado en las mismas observaciones, sabemos que, al descubrir el error, encontraríamos el orden de las cosas, o bien que, al descubrir el orden de las cosas, conoceríamos el error que hubiese. ¿No lo apruebas?

El maestro. - No me lo preguntes a mí. Mejor analízalo tú, porque, [22] "la única garantía que tengo, te repito, de que en las discusiones no me equivoco es, la de que aquellos con los cuales he debatido, no me han podido probar lo contrario ". Al igual que Anaxágoras o cualquier otro, ha dicho la verdad, mientras que no haya quien más vigoroso, pueda echar abajo sus concepciones y demostrar que mentía.

REFERENCIA

1.- GORGIAS O DE LA RETÓRICA (SÓCRATES VS. POLO).

2.- ALCIBÍADES O DE LA NATURALEZA DEL HOMBRE (SÓCRATES VS. ALCIBIADES).

3.- GORGIAS O DE LA RETÓRICA (SÓCRATES VS. QUEREFÓN)

4.- LAQUES O DEL VALOR (SÓCRATES VS. LAQUES Y NICIAS)

5.- GORGIAS O DE LA RETÓRICA (SÓCRATES VS. POLO).

6.- GORGIAS O DE LA RETÓRICA (SÓCRATES VS. GORGIAS)

7.- CARMIDES O DE LA SABIDURÍA (SÓCRATES VS. CRITIAS)

8.- GORGIAS O DE LA RETÓRICA (SÓCRATES VS. GORGIAS)

9.- LAQUES O DEL VALOR (SÓCRATES VS. LAQUES)

10.- MENON O DE LA VIRTUD (SÓCRATES VS. MENON)

11.- CARMIDES O DE LA SABIDURÍA (SÓCRATES VS. CRITIAS)

12.- DIÁLOGOS DE PLATON, APOLOGÍA DE SOCRATES (SÓCRATES VS 556 JUECES)

13.- PERICLES EL ATENIENSE, DE REX WARNER, EDITORIAL HERMES.

14.- GORGIAS O DE LA RETÓRICA (SÓCRATES VS. CALLICLES)

15.- DIÁLOGOS DE PLATON, GORGIAS O DE LA RETÓRICA (SÓCRATES VS. GORGIAS)

16.- GORGIAS O DE LA RETÓRICA (SÓCRATES VS. CALLICLES)

17.- TEETETES O DE LA CIENCIA

18.- CARMIDES O DE LA SABIDURÍA O TEMPLANZA (SÓCRATES VS. CRITIAS

19.- GORGIAS O DE LA RETÓRICA (SÓCRATES VS. POLO).

20.- GORGIAS O DE LA RETÓRICA (SÓCRATES VS. CALLICLES Y GORGIAS).

*. - EN LA ANTIGÜEDAD SE LLAMABA DEMONIO A LA DIVINIDAD ADSCRITA AL DESTINO DE UNA PERSONA O CIUDAD. PERSUADIDO QUE TENIA ASIGNADA UNA MISION RELIGIOSA ESPECIAL Y PARA CUYO CUMPLIMIENTO RECIBIA ORDENES DE UNA VOZ DIVINA, DE UN DEMONIO FAMILIAR.

21.- PERICLES EL ATENIENSE, DE REX WARNER

22.- GORGIAS O DE LA RETÓRICA (SÓCRATES VS. CALLICLES).

CAPITULO III

FOBIA SOCIAL

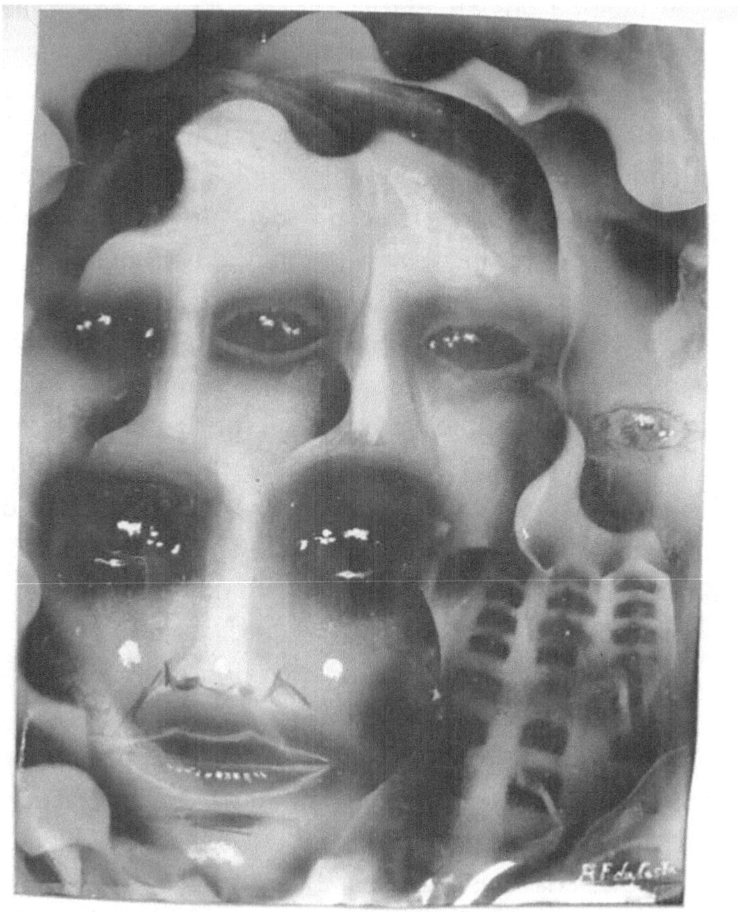

Un extranjero. - A semejanza de una antorcha que alumbra la oscuridad absoluta de una profunda y sinuosa caverna, gracias a ti, he penetrado lo que llamo yo: la morada del miedo; lugar donde es menester estar loco o ser temerario para entrar sin compañía. Y me asombro al vislumbrar el camino andado con tu guía.

Quien conoce el origen de sus males, tiene posibilidad de evitarlos, y no he sido la excepción; pues con claridad sé mejor que nunca lo que principalmente me aqueja. Y tanto más que, encomendándome a Dios, primero que nada, he tomado la voluntad para no abandonar la lucha. Y tu ayuda para mí es todavía vital, debido a que aun no me veo libre de mis obsesiones. Ni siquiera por haber aprendido a evitar el ascenso del miedo cerval, aventajo en entender, lo que en este momento me acosa. Situación que voy intentar explicarte, a pesar de mi lenguaje: como si se tratara de un pesado lastre del cuerpo, del que difícilmente pudiera uno desatar; parecido a una pesada bola de hierro, de la cual me encuentro forzado a arrastrarla adonde vaya, porque la fuerza para romper las cadenas que me atan a ella, es muy superior al mayor de mis afanes; así ha sido por mucho tiempo el precursor de mis peores penas, principio de mis mayores inquietudes, mi amargo y más veterano enemigo: la vergüenza, la timidez, el miedo a sonrojarme delante de cualquiera. Sí, me cuesta trabajo hablar con sinceridad, sencillamente, saberme proclive a ruborizarme es motivo de intenso desasosiego, enfrente de uno, enfrente de muchos, de huir y esconderme, de estar imposibilitado para desenvolverme, para ser yo mismo. No soporto verme avergonzado o paralizado en presencia de la gente, y peor de aquella que es extraña, o a la que, por ser de consideración, menos querría descubrirle mis defectos; me atormenta pensar que, por nada, o por algo, me sonrojo, ya sea poco o en demasía, y que, para mi desdicha, casi invariablemente se desborda en mi rostro con una particularidad tan evidente que, estimo por imposible pasar inadvertido. Con esta traza, las personas inevitablemente reparan con un aire que refleja rasgos de extrañeza o curiosidad, y hasta de aflicción que comparten conmigo; pareciera que los he contagiado con un agente raudo y maligno. Y a la sazón, me produce un enorme sentimiento de culpa y de repudio de mi mismo. En fin, es en suma el escenario de mis perturbaciones. Quién en tal situación, me miraría sin la pinta de un hombre anormal, sería yo entre la gente el hombre fétido del que es mejor mantenerlo apartado, ¿cómo haré para desempeñar mis labores?, nadie querría llevarme como amigo, ni como novio, ni como esposo, únicamente sería visto con compasión o burla, y para mis familiares con preocupación o decepción. Y sé perfectamente que malograré la felicidad ante el constante acecho del temor. ¡Clamo por tu ayuda! ¡Muéstrame el camino!

El maestro. - En tal caso es primordial presentar la batalla, para recuperar el espíritu de ese pensamiento que, pretende aún, conseguir afirmar alguna cosa de ninguna cosa.

Bien, contesta: estás de acuerdo en que, [1]"el miedo es siempre compañero de la vergüenza y no al revés; derivado de que la vergüenza es una variante del miedo". Si te sirve de ilustración sigue a este modelo: [1] "lo impar es una variante del número; dónde quiera que haya un número, no es indispensable que en él se encuentre el impar, pero dónde quiera que aparezca el impar hay un número". ¿No es similar la relación de la vergüenza respecto al miedo?

Un extranjero. - Claro está, "el miedo tiene más extensión que la vergüenza".

El maestro. - Es consabido de los dos que, si existe temor, es enteramente inevitable la creencia en una amenaza, o por lo menos el rechazo de una idea o situación que no se desea.

Un extranjero. - Innumerables veces lo hemos convenido. Y sigo en mi posición.

El maestro. - Advierto que no podré sobrepasar lo que me has propuesto, si antes de pensar en mi respuesta te previenes. Busquemos el objeto de nuestro diálogo, y atiende exclusivamente lo que ahora te formulo.

Luego, en la vergüenza existe inseparablemente la creencia en un mal inminente o en unas ideas o situación que se rechaza.

Un extranjero. - Lo mismo que en el temor.

El maestro. - Pese a todo lo antedicho confiesas que, silenciosamente preservas un temor pertinaz, que es la vergüenza o la timidez, o, en otras palabras, el temor a una variante de sí mismo, o en breve, temes al bochorno de la timidez.

Un extranjero. - No exactamente, no pretendo repetir que tema al sufrimiento del temor, es algo que ya quedó atrás, cuando asentamos que es una cosa realmente incoherente. Me refiero a que la gente acuse, por cualquier medio, mis temores, dado que, de semejante manera, sin que quepa evitarlo, brotan insospechadamente las rarezas o manías, y entonces es inevitable que las personas me observen; razón suficiente para quedar avergonzado y mantenerme encogido. Te lo he señalado, es el miedo a mostrarles mis temores, temores que más crecen cuánto más notorios e infundados se muestran.

El maestro. - No tengo la costumbre de abandonar las razones que me parecen justas, y comprendes perfectamente que, nada de lo que hemos dejado atrás es incuestionable; antes reconsideremos, de lo contrario, contesta a mi emplazamiento, para que juntamente desmenucemos la controversia.

Refieres que el motivo auténtico de tus encogimientos es: que te conozcan o descubran siendo un hombre especialmente vergonzoso o temeroso.

Un extranjero. - Sí. Me avergüenza ser visto de una forma patente, con el ánimo encogido, claro está, delante de la gente. Además, por pensar en que, una escena así va a suceder, o sencillamente recordando las que me fueron bochornosas; tan susceptible estoy de esto que, no sólo por recordar situaciones sofocantes, incluso por hablar del asunto.

El maestro. - Te será fácil probar que, no me conduzco por la compasión sino por amor a la verdad.

Por de pronto, no reserves la menor desconfianza al decirte que, por fin te he comprendido perfectamente, y aduzco que te avergüenza el que la gente esté facultada para percibirte a ti, sea con ayuda de la vista, el oído, el tacto, el gusto o el olfato, en conjunto o por separado. ¿Por qué no habría de entenderte, puesto que, sin ayuda de los sentidos, no hay mecanismo que sirva para percibir las cosas tangibles?

Un extranjero. - No pienses que me río de ti. Me has hecho ver que no he añadido una tilde, procurando atribuir al acto de percibir, como la raíz de mis encogimientos. No, lo que he querido detallar, son los males o daños que con las manías o rarezas ocasiono a las personas y a mí.

El maestro. - ¡Inténtalo nuevamente!

Un extranjero. - Déjame empezar por contarte que: en el concepto que crean de un hombre extraño, que, con un comportamiento absurdo e insano, no inspira confianza ni tranquilidad, que sin el dominio que promete el juicio, es incapaz de reprimir actitudes tan desagradables para los presentes que les resulta molesto y hasta ofensivo. Y que todo esto, configura una idea que me entristece hondamente, y que, contra mi voluntad, la recuerdo sin cesar; cual, si se tratase de una muy incómoda culpa, o de un error que por su importancia lo marca a uno imborrablemente.

El maestro. - ¡Por Heracles! ¿No apercibes tu improcedencia con lo que te pregunto?

Un extranjero. - ¡Me desorientas!

El maestro. - Comprendo que consideres un mal o un daño la extravagancia, las molestias, las ofensas, tus temores, y el que pudieran ser tan insoportables como a Prometeo le fue su castigo por haber robado el fuego divino. ¡Pero por favor!, no me hables de ellos como si por sí solos fueran ya una amenaza, o te sean inaguantables, o [3] "como si exclusivamente eso fuera a sostener que son ideas muy desagradables, y por lo cual, yo debiese reconocerlos de este modo, justo en el acto que los mencionas;" ya que lejos de aclararlo, hablas de ellos como si al pronunciar la palabra "rarezas", fuera lo mismo que pronunciar la palabra "bochornos", o como si al pronunciar "las manías", fuese lo mismo que pronunciar "los males". Significa que, para entenderlo en esta acepción, es forzoso que sean análogos a la naturaleza de la vergüenza, o de los males, o a la condición de las ideas desagradables.

Un extranjero. - Se de cierto que, no es la falta de memoria lo que envuelve a mi espíritu, y si el desorden para centrar el pensamiento.

Me han prevenido en que, [2] "conversar contigo, conlleva a sumirse en la duda, que tú no sabes más que dudar", y para mi maldición vengo a estar nuevamente inmerso en una serie de ideas que si bien acepto son diferentes, no alcanzo a discernir con suficiente claridad.

El maestro. - [3] "Si yo llevo la duda al espíritu de los demás, no es porque yo sepa más, por el contrario, yo dudo más que nadie, y en este recorrido es cuando hago dudar a los demás ". Así que, [3] "busquemos tales explicaciones, y disuádete pensando que habré de estrecharte con mis preguntas de siempre ".

Llegados aquí, yo no se cuáles son los objetos de la vergüenza, o de los males, o de los peligros, o de las ideas desagradables. No obstante que tampoco lo sepas, no te rindas ante un enemigo que no se deja ver y pretende con astucia disuadirte de enfrentarlo.

Un extranjero. - Por más que cavilo, no sé ni cómo sortearlo. Estoy cegado dentro de un atasco. A pesar de los inconvenientes, cuenta conmigo, como si se tratara de un capitán que tiene la certeza de que sus hoplitas no abandonarán su puesto. Escasamente me es posible agregar que, un hombre que no tiene la menor estima por sí mismo, no tiene motivo alguno de vivir. Y obstinadamente me llamo con lamento: qué futuro puede esperar un hombre que no tiene mejor destino que el verse rechazado; al igual que rechazan a quien ha contraído la peste; para ver en lo que me quede de vida, la incomodidad en el semblante de quien tenga la mala suerte de tratar conmigo. Qué crees que opinen, al encontrarme tal cual ahora estoy frente a ti, sudando y ruborizado sin motivo; conmocionado por el peso de mi propia degradación. De verdad crees que haya alguno que, en mi lugar, se motive al pensar en un futuro que no tiene oportunidad de ser forjado; con una existencia consagrada a librar una pena, sólo para en seguida entrar en otra.

El maestro. - Ya entiendo, ¡cómo no has de compadecerte por sudar y ruborizarte! No sería preferible que evitaras ir a los baños de vapor, o de salir de tu casa los días calurosos, o hacer largas caminatas sin que nadie te observe, y de encerrarte en tu casa para realizar los ejercicios que practicas en el gimnasio, pero eso sí, cuídate mucho de no enfermarte para evitar las calenturas. ¿No es lo que proviene?

Un extranjero. - Es obvio que lo presupones con ironía, tú lo sabes, es por mi enfermedad.

El maestro. - Joven amigo, te equivocas si piensas que acepto lo que tú antes no me has concedido. Sin embargo, si me confirmas que es por tu enfermedad, ya comprendo que te burlas de mí, o nuestro diálogo ha sido un pasatiempo.

Un extranjero. - ¡No, no!, ni fugazmente, y menos en el estado en que me encuentro. Únicamente ocurre que, me hallo en medio de un laberinto del que no tengo la menor idea para cruzarlo. Y me refiero a que he venido rodeando el asunto, no sé ya cuántas veces, intentando no caer en mi habitual falta, y por mucho que tantee, regreso al punto de partida, que son las ideas disconformes donde no debería llegar; pese a mi propósito, termino en cualquier caso más extraviado que al empezar. Pasa lo siguiente: he descubierto sin temor a equivocarme que, la causa principal y que con mayor fuerza me subyuga es, contra todo, el miedo a la vergüenza misma. Lo que evidentemente convierte a estas ideas, en disconformes o absurdas, al momento en que temo a la timidez, o aisladas, si no las asocio con otros pensamientos, y que aquellos otros pensamientos, como ya lo hemos concordado, seguramente no pueden faltar; ya que son los que proveen y apoyan a las ideas disconformes, para perpetrarse conjuntamente obsesivos. Así, habiendo logrado, gracias a ti, identificarlos y percatarme de su verdadero significado, he caído en la cuenta de que, los pensamientos obsesivos que apoyan a las ideas absurdas no son sino: creer con firmeza que, estoy irrevocablemente condenado a permanecer bajo el dominio implacable de los fieros temores, y se atan con la sugestión de desprecio y humillación de mí mismo y de los demás; al grado en que lo estaría el más vil de los hombres por haberse arrepentido de sus infamias.

El maestro. - No es novedad para ti, que la mayoría de mis actividades las hago por cariño hacia ustedes los jóvenes, y que no me es permitido en dimensión alguna, conceder como verdadero lo que es falso, ni tener la verdad oculta. Para tu fortuna, aunque te agobie un temor y te descubras perdido al mostrarte que hemos caminado en círculos, tengo que reclamarte, haciéndote ver que no puedes demostrarte a ti ni a nadie que, el objeto del temor es el temor mismo, y que por tanto exista un inminente peligro; el peligro inminente de ser impotente ante el temor mismo.

Un extranjero. - Y yo con sincero afecto hacia a ti, agradezco tus palabras, y sin ningún recelo sigamos adelante. Francamente he querido justificar, cómo el miedo me supera, que esto es lo que mayormente me atemoriza, el no poder refrenar su crecimiento, que puramente, por estar ante las personas aumenta precipitadamente, al extremo que suprimen mi control; parecido a un obstáculo que en un instante estorba a la reflexión, sin dar lugar a que la razón alcance su propio dominio.

El maestro. - Emerge al fin que, el creer que su crecimiento es incontenible y acelerado, son las ideas que, principalmente hacen el objeto del temor. ¿No es lo que has sacado?

Un extranjero. - Es lo que alcanzo a entrever.

El maestro. - Complementando, estas últimas ideas, apoyan a los pensamientos absurdos de temer a la timidez, para hacerse conjuntamente obsesivos; dado que por sí solas no tienen pizca de significado.

Un extranjero. - Sí. Por sí solas malogran su cometido.

El maestro. - Ya en junto, el crecimiento incontenible, y temer al temor, son las ideas que te persuaden obsesivamente, y por lo que crees ser el último de los mortales en desgracia. Lo que hace todo esto, la suma de los pensamientos que insuperablemente te afligen.

Un extranjero. - Y si acaso no lo soy, a cuál más es lo que siento.

El maestro. - No dejemos pasar la oportunidad que tú has abierto a favor de nuestro diálogo, y que no te detenga lo que en este momento sientes. Esfuérzate en responder en cuanto te sea posible lo que te propongo. Dime: ¿cuándo el temor crece, ¿qué pasa con él, necesita de algo o no necesita de nada?

Un extranjero. - ¿A qué te refieres?

El maestro. - Lo que intento decir es, si al crecer el temor, necesariamente crecen o se afectan también sus partes constitutivas, o si no se afectan en absoluto.

Un extranjero. - Se afectan también.

El maestro. - ¿Y cómo se afectan? ¿Por ventura el temor aumenta sin que aumente su dolor?

Un extranjero. - No es posible.

El maestro. - Y qué diremos del pensamiento que juzga y rechaza al peligro o a lo indeseable. ¿Se afecta al crecer el temor?

Un extranjero. - ¿Debe afectarse no?

El maestro. - ¿De qué manera?, ¿creciendo cómo el dolor angustiante?

Un extranjero. - No lo sé. Tal parece que es cosa diferente.

El maestro. - Y el dolor angustiante respecto del pensamiento de temor, ¿no se corresponden cuándo el temor crece?

Un extranjero. - En todo momento. De otra forma no crecería ni habría siquiera temor alguno.

El maestro. - Pero ¿no ocurre cuándo mutuamente una cosa hace impresión en otra, es en virtud de que las dos se afectan?

Un extranjero. - Por fuerza.

El maestro. - Así que, ¿el pensamiento que juzga y rechaza, y el dolor angustiante, se corresponden mutuamente?

Un extranjero. - Sí.

El maestro. - Luego, el pensamiento se afecta, aunque no se modifique, ya que si no lo modifica sustancialmente, por lo menos lo mueve a pensar en el peligro o en lo indeseable. ¿No es lo que procede?

Un extranjero. - Terminantemente sí.

El maestro. - Y en un todo, ¿será posible creer en el peligro o en lo que no se quiere, cuando no se tiene por inminente, o cuando no se tiene por cierto?

Un extranjero. - Por supuesto que no. Se puede conocer y hasta rechazar el peligro, o lo que se aborrece, en cuanto a temer o sufrir por dolores angustiantes, evidentemente no, ni son principio de los pensamientos obsesivos.

El maestro. - Si después de haber indagado en tus respuestas, creo que es un fantasma y no un fruto verdadero, y si en tal caso te lo arranco y lo desecho, no te desesperes conmigo, piensa que es en obsequio para ti.

Un extranjero. - Y yo ruego a Dios que mantenga la actitud que me ha inducido para aferrarme en este camino.

El maestro. - De pronto, definamos el rumbo en la disyuntiva que te propongo: Cuándo el temor aumenta incontenible y aceleradamente, es cuándo, surge de manera espontánea y mágica, sin que el pensamiento se afecte; emanado del temor de una amenaza o situación de la que no se tiene por seria ni por inminente. O consentiremos en que, sólo aumentaría si con él se afectan sus partes; lo que abarca creer en la inminencia y seriedad de un mal aterrador o indeseable.

Un extranjero. - Meramente de lo último. Para que el temor crezca irrefrenablemente, es indispensable aceptar la inminencia y gravedad de las cosas que me parecen temibles o inquietantes; pues no existe el hombre por lúcido o demente, o por excepción alguna, que pueda temer sin creer en las cosas que le son temibles.

El maestro. - ¡Excelente! De las cosas que te ocasionan la vergüenza o la timidez se colige que: tu miedo a la vergüenza o a la timidez, aumentará incontenible y precipitadamente por creer en la inminencia y seriedad del rubor, o en la inminencia y seriedad del sudor; o por creer en lo grave e inminente que es el crecimiento del temor; o por todas éstas a la vez. Y, por consiguiente, es inevitable consternarse por ser el más desventurado de los hombres. ¿No es cómo repercute?

Un extranjero. - De nuevo verifico el dicho que dice: "todo problema resuelto resulta trivial". Ya que no daría una respuesta satisfactoria, si me preguntas: por qué he visto yo tan intrincado, lo que tú ahora me muestras irónicamente absurdo.

Realmente no sé si lo que a mí llega es lo que nombran una laguna de lucidez, en medio de la locura, o estoy saliendo del espeso bosque; ya se deba a la última conjetura de nuestro diálogo, o por alguna otra cuestión, es el caso en el cual, manifiestamente me muestro a mí mismo que, para temer, se requiere ineludiblemente, estar enterado de una amenaza o de cosas indeseables, y que, además, el temor, no crece si la mente no juzga o entiende de la proximidad y seriedad del peligro. Despejado el nubarrón, se denuncia por sí solo el error con el que constantemente tropiezo, y que consiste expresamente en creer a ciegas que: el temor es libre para crecer antes de que se afecten sus partes elementales, o también, antes de tener noticia de una amenaza o de aquello que se repudia; en unas cuantas palabras: temer a la vergüenza sin conocer la amenaza. Lo que me permite apreciar que, el sonrojarse, las manías, las rarezas que experimento, incluso las incomodidades que provoque yo, son para identificarlas en breve: la consecuencia de estar atemorizado o aterrorizado, el reflejo de mis temores, acabemos, es un efecto de los temores y no su objeto. He aquí lo que es significativo agregar sobre esta materia.

Con el propósito de intentar agrupar mis más encendidos pensamientos, y tal vez con esto entenderlo mejor, los pondremos expuestos en tres grupos separados. Llamaré al primero, el de las ideas absurdas, por ser el que contiene las ideas más incoherentes o abstractas que es posible reunir, o sencillamente, por ser lo que estudiamos de inicio, y son: el miedo a los sufrimientos de temor, o el miedo a una variante de sí mismo, es igualmente, el miedo a la vergüenza o el medio a la timidez. En el segundo grupo, pondré las ideas que, a pesar de tener significado, no se sustentan de nada que sea demostrable o razonable, y estriban en: creerme impotente para superar la vergüenza o timidez, en admitir la imposibilidad de contener la viciosa espiral de innumerables pensamientos de temor, pero sin un límite que los contenga, o si se prefiere, en la pérdida de dominio por los tormentos de la vergüenza. Y para el tercero, los pensamientos que se muestran con el aparente fundamento de verme infame y vilmente humillado y aborrecido, siempre, de mí y por el mundo entero, de aceptarme destinado a lo irreversiblemente funesto; o al enloquecimiento irremediable, que siquiera la muerte misma signifique ninguna esperanza; con la traza de creer que la defunción no es el anonadamiento, sino el espacio perenne donde habita un alma atormentada. Con todo lo intrincado de la perversa influencia de los tres, me aventuro al opinar que, los dos últimos (grupo No 2 y grupo No 3), son los mayormente persuasivos, y los que ocasionan la peor intensidad del miedo. Sea como fuere, cada grupo busca relacionarse con otro o con los otros dos, en tal conformación que, entre ellos es característica una mutualidad en la cual, indistintamente se siguen, sin que sea viable determinar quién de estos dos últimos y más activos pensamientos de terror toma principio; con el hado en que suceden los desenlaces inevitables, y la fatalidad, de lo que no accede a exhibir quien se deriva de quien. De allí que, posiblemente, sea el problema que con más eficacia contribuye a fomentar el vicio de los pensamientos obsesivos.

Inventemos que estos grupos fueren cuerpos en movimiento, representados por tres pelotas de cuero, y el dolor que los une, semejante a tres correas equidistantes, que mantienen en sus extremos atadas a las pelotas, de manera triangular, dispuestas todas, correas y pelotas, en un desplazamiento de parangón con los planetas del sistema solar; que, girando al rededor del sol, no dejan su órbita, pero con la libertad de lo que no opone restricción y que en su dinámica pueden prescindir del grupo No 1; ora en un sentido ora en otro. Aunque el grupo No 1 puede aparecer cuando el miedo se encuentra en una etapa incipiente o de miedo moderado; antes de que este sea propulsado con mayor intensidad en sus efectos por los grupos No 2 y No 3, con la lentitud o la rapidez que crea la imaginación.

El maestro. - Esta digresión no es la que con menos gusto te he oído. Dejémosle cabeza a nuestra conversación, así que vayamos adelante para marcar el camino, donde el espeso bosque confunde a quien ignora las huellas naturales que indican la orientación. Recuerda que cuanto más tiempo transcurra, más próximo está el regreso del buque, y es mí voluntad entregarte una guía a la que puedas aferrarte tú sólo.

Un extranjero. - No cabe en mi mente que pueda llevarse a cabo tan injusta ejecución. Si el plazo y las autoridades no lo impiden, prométeme que antes de terminar con nuestro diálogo, hablaremos de lo que piensas al respecto. Digamos que quiero ahondar en los ideales que te hacen ser un hombre de fe en la justicia divina; y acogerlos tal cual lo hace un náufrago que no dispone sino de un cuero inflado en medio del mar.

El maestro. - Prometido. Te recuerdo que al iniciar nuestro diálogo fuiste tú quien mencionó que, todo el influjo de mi magia consistía en llevar discursos ordenados y metódicos, que el que no lo siga, se lanza por un camino desconocido, en tanto que, aquel que, si lo siga, expresará exactamente la esencia del objeto a que refieren sus palabras. ¿Conservas aún tu opinión?

Un extranjero. - Por mala que fuera mi memoria nunca olvidaría lo que es básico.

El maestro. - En esa ocasión comenté que, previamente, debemos examinar el asunto en el cual se ocupa el espíritu, o el objeto que nos proponemos y que queremos ofrecer; ten presente que es el número uno, y significa que, inalterablemente precede a lo demás. Por lo tanto, si queremos sujetarnos al método, comenzaremos siempre ocupándonos en él. Mas comprender a fondo el objeto en cuestión, implica, desde su principio, descomponerlo e investigarlo en un estricto concierto. Y si lo explico detalladamente lo comprenderás mejor:

En el primer paso es preciso discriminarlo de lo que no es él, lo que requiere evitar en lo posible, más de una interpretación. Para esto hace falta mantener una tendencia de pensamientos acertados, que vayan contra el persistente vicio de declaraciones faltas de puntualidad; lo que equivale, a evitar definiciones enredadas o excesivas en palabras, o descripciones redundantes, o que carezcan de significado, del mismo modo, lenguajes ambiguos o que sin discrepancia participen de dos naturalezas. Rectificándolas incansablemente para llegar al meollo del problema, con la meta de entenderlo y manifestarlo fiel y atinadamente. Y si sale indefinible, por lo menos, determinarlo formalmente. Concluido esto, estaremos finalmente en posición de caracterizar al objeto, libre de lo extraño e innecesario, de lo que no es propio de él, ni hace falta referir o enlazar; con la característica que permita describir la materia de que trata, pero en una condición rigurosamente concisa y específica; a saber, en una brevedad lacónica.

El segundo paso, si lo hay, o si se tiene un objeto libre de la oposición de razonamientos que prueben lo contrario, o puramente, libre de objeciones del juicio o del sentido común, y a un tiempo, no se muestre indescifrable o enigmático, será en tal caso, procedente analizar si el objeto que nos ha quedado es simple o compuesto. Para lo que antes es indispensable todavía, reducirle más aún, considerándolo en substrato, escuetamente, excluido de todo accidente y accesorio, en su esencia, independientemente de su estado, de su calidad o sus cualidades; para alcanzar a verlo despojado de lo que por dependencia le acompañe o se le agregue. Ya en una naturaleza desnuda, examinar que lo hace ser lo que es, y si las tiene, contar sus partes fundamentales. En estos términos pondremos a nuestro objeto, y estudiaremos su conducta de ser una, y de haber partes constitutivas, como se relacionan entre sí. Ya con esta disposición y advertidos de sus partes y de su comportamiento, resaltaremos quien es activa y pasiva, o quien de ellas puede ser mayormente activa y pasiva; dado que la cosa pasiva, recibe la acción del agente sin cooperar con el, permite actuar sin hacer por sí nada; en tanto que la cosa activa, es eficaz en surtir efecto, o en actuar sin dilación.

Para el tercer paso corresponde estudiar sus propiedades, sean activas o pasivas, y si son varias, con preferencia en las mayormente activas; conque antes es preciso que lo contenido en el paso dos se desarrolle enteramente. Es al fin cuando toca determinar la situación o las circunstancias en que el objeto se encuentra, en relación con los restantes de su especie, para resaltar los caracteres importantes que lo hacen peculiar, comparado con cualquiera de su misma índole. Y, además, considerar los cambios que le son inherentes o inseparables, y aquello que influye en él de manera principal. Conque, se empezará por tomar en cuenta su comportamiento, aunque sin dejar de atender a las cosas sobre las que recae su efecto, y asimismo, lo que principalmente lo afecta, como son, los agentes causantes, y aquello en que antes de ser cedido lo precede; dicho en resumen, deberá distinguirse el objeto, las causas y los efectos.

En este contexto, si por su diferencia son identificables sus facultades, aplicaremos el cuarto paso. El cual será, reiniciar el método, con la novedad de que ahora, por objeto se toma a la propiedad o cualidad más activa, o que por su trascendencia predomina sobre las demás, y para después la segunda, y concluida ésta, pasar al fin a la tercera, y sucesivamente, hasta lograr del tema que se trate, lo que originalmente nos hayamos propuesto. Entiende que así se hará, si no pretendes bucear en el detalle de los particulares, o inevitablemente surgirán las complicaciones, con una infinita variedad de aspectos y matices de cosas que no son vitales.

Encaminados ya, contaremos con un recurso que, arreglado en cuatro pasos, nos sirve para conducir todo esfuerzo empeñado en esclarecer y resolver lo que moralmente nos daña, y que no es fácil revelar. No obstante, para que sea factible a muchos hombres encontrar lo que de por sí no es sencillo penetrar, es necesario apropiar los discursos al criterio e idiosincrasia del individuo, para dar a conocer los cuestionamientos y planteamientos; hay ciertos estilos para ciertas personas, mientras que los mismos argumentos y circunstancias moverán a unos, otros no los comprenderán bien. En consecuencia, el que emplee el método para llevar a alguno la convicción, estaría obligado a discernir lo que acomode mejor a cada uno. Para ello, es primordial saber de antemano lo que su personalidad encierra, o por mejor decir, de los grandes rasgos que de su carácter lo destaca; lo que involucra el temperamento, el medio ambiente, la educación, lo que condiciona de manera relevante al individuo. Abocándose al diálogo como lo manda alternativamente el arte de conversar; evitando, sea en una pregunta o en una respuesta, perder la ilación y la prosecución. ¿No es éste un rumbo oportunamente orientado para ir y venir?

Un extranjero. - No es posible hablar mejor. Sin embargo, dime, no será una torpeza de mi parte, si añadimos un quinto paso, con la finalidad de que, este último, esté destinado a señalarse el error descubierto, una vez averiguado el orden; para apartarlo de aquello con lo que puede confundirse, y con mayor facilidad indicar su posición en la secuencia de las cosas que favorecen el desconcierto. Observa que soy yo una prueba viviente, que a costa de mucho sufrimiento sé, sin duda alguna, de esos horribles pensamientos, los cuales, con la figura de círculos repetitivos ascendentes, se pueden contener. Aun sin presentar la evidencia que da la certeza, cuento con suficiente experiencia para señalar dónde intervienen, y por qué razón se vician, y cómo la mente no propicia su ascenso. Mira que sólo en esta directriz, he interrumpido ese espantoso circular de ideas que, parecieran atraerme al mismo averno; con un encantamiento que posee una mórbida fascinación. Y que no obstante de sufrir el dolor del miedo en el estómago, no se intensifica, se contiene, sin llegar al miedo exacerbado.

El maestro. - No es una torpeza, el quinto paso está muy a propósito, siempre que haya un error para delatar.

Sopesa que, siendo hijo de una partera he aprendido el oficio, y es justamente lo que sé hacer, ayudar a parir los beneficios que da la virtud, y observo que nuestros discursos no han sido infructuosos, que no son vanos tus estudios, pues eres capaz de refrenar los impulsos de temor irresistibles.

Pero no te he escuchado mencionar de la vergüenza o la timidez. ¿Simultáneamente han dejado de atormentarte?

Un extranjero. - No conforme habría deseado. Parece mentira que, a pesar de tratarse de la misma naturaleza de los pensamientos obsesivos aunados a los impulsos de temor irresistible, no me ha sido posible refrenarlos. Es el caso en el que no hay cabida para el reposo; no hay tiempo para reconocer las ideas obsesivas. Me pregunto, cómo se puede enfrentar a un enemigo que no se le identifica; motivo por el cual estoy ineludiblemente obligado a repetir, lo que tantas veces he vivido, ante la aterradora acometida de las ideas obsesivas aunadas a los impulsos de miedo. Para ser más explícito, voy a tratar de describirlo paso a paso, a partir en que el fenómeno toma principio: Imagina que estos ataques sean equiparables a la corriente de un río que desciende vertiginosamente, y nos arrastra con una fuerza descomunal, que es vencida únicamente por la profundidad de una gigantesca y espectacular cascada; semejante al Aquerón o río del dolor, que conduce al mundo de los muertos; por lo que a toda costa debemos evitar aproximarnos a la cima del imponente desnivel. Situación que nos impulsa a querer escapar con desesperación sorda, que aturde la mente y ciega los sentidos, que nos hace tomar acciones inútiles; como sería: dejarnos llevar por la corriente, o inversamente, luchar a nado en su contra; cuando en realidad la fuerza del agua nos arrastra en todo momento, a veces más a veces menos; que aun con los mayores esfuerzos no se consigue oponerse al empuje de la turbulencia, ni por haberse uno enajenado con un don conferido para rebatir sin atisbo de flaqueza.

En tales condiciones es evidente que, de los pensamientos obsesivos aunados a los impulsos de temor, nadie se salva dejándose arrastrar ni queriendo resistirles; se gana la orilla nadando serenamente en una dirección que no se opone a la corriente. En tanto así sea, es vital no oponerse; no con la obstrucción que hacen los guardias en la entrada de las ciudades amuralladas, habiendo recibido la orden de repeler a la multitud. Antes, por el contrario, con una actitud serena y predispuesta a verlas de frente, en pocas palabras: en atención a ellas, en una predisposición mental que no haga menos que contemplarlas. Y a este acto de prestar atención detenidamente en alguna cosa, le denominan, meditación. Para lo cual, se necesita mantener la atención sin ocuparnos de ninguna otra cosa, sin que nada de lo que es o existe en derredor nuestro nos saque de la atención prestada.

Es importante recalcar que, ante un ataque de ideas obsesivas con impulsos irresistibles, dista de lo fácil mantener una actitud impasible, para conseguir la atención que exige el alma, ante la fuerza que conlleva la enfermedad. Dicha dificultad de mantener la actitud serena es debida a la naturaleza de los impulsos de temor, porque, debemos encarar los ataques de temor cuando estos se han manifestado ya, o por mejor decir, cuando ya están presentes y nos hacen padecer desde antes de tomar conciencia de las ideas obsesivas; donde todo nuestro esfuerzo consiste en, mantener la actitud impasible ante una fuerte corriente de ideas obsesivas, que arrastran con violencia, en otras palabras, el esfuerzo requerido para no seguirlas consiste en no hacer nada para no pensar en las consecuencias de las ideas obsesivas aunadas a los impulsos de temor irresistibles. Si bien, al haber conseguido verlas como en realidad son y no en la que nos pretenden mostrar, los subsecuentes ataques de miedo tienden a disminuir la fuerza de su arrastre; de cualquier forma, arrostrándolas o huyendo de ellas se sufre del dolor angustiante, pero se vuelven por mucho, más intensas cuando las seguimos. Por este fenómeno, no debo reservarme la advertencia de que, las ideas obsesivas, acometen sin que sea posible preverlas; cual, si se tratara de un ente muy hábil, que utiliza sus medios con impredecible rapidez. Tal es su sagacidad que, no es recomendable enfrentarle si no se sabe antes las posiciones, o, mejor dicho, las diversas meditaciones que se practican, y cómo deben ejercitarse con antelación, y sobretodo, distinguir cuáles y por qué es preciso evitarlas. En suma, para el fin que perseguimos, es necesario hablar de ellas, si bien, elementalmente mencionaré las más conocidas. Y algunas de estas, sirvieron para que grandes hombres lograran un máximo de provecho.

Recientemente fue presentada una clasificación que, por su detalle y enfoque, la considero de gran utilidad. Y de la que he tomado dos grupos de meditación que ilustran mi objetivo. Al primer grupo lo intitulan: [4] "Ejercicios mentales no restrictivos". Los cuales, según lo menciona el autor, se sitúan por: "concentrarse imaginariamente en la relajación muscular y la respiración relajada". Y menciona que, "son procesos físicos que hasta cierto punto están bajo el control voluntario directo, y que su práctica incluye la imaginación de hechos reales y fantásticos, encaminados a la relajación mental y física".

Al segundo grupo lo designan: [4] "Ejercicios mentales restrictivos". Éstos tienen en su principio, escoger un estímulo o un tema relativamente fácil, al cual se debe prestar atención en una modalidad serena; en el que el individuo mira con atención como, el objeto de su contemplación cambia su aspecto y se desarrolla independientemente; sea por la proyección de la luz del día o por cualquier móvil. El objeto puede ser una planta, una escultura, tu misma mano, una pieza musical, un personaje o un amigo. Y es aquí donde, se trata de profundizar la comprensión del objeto, empleando el pensamiento activo y analítico. A esta parte se le dice contemplación. Una segunda parte dentro del segundo grupo lo llaman: [4]"Meditación de concentración centrada". Y consiste en partir de cualquier estímulo sencillo, tal cual, una singular imagen, la llama de una vela, el sonido de las olas, y permitir que se repita espontáneamente en el ánimo. Citemos un ejemplo del autor: "Siéntese derecho, en una postura cómoda, con los pies apoyados en el suelo. Cierre los ojos si lo desea, y tómese algunos segundos para centrarse. Con cada respiración, concéntrese en la palabra uno, y repítala mentalmente, a la par de un eco. Es el único quehacer. No se preocupe si su mente vaga o se distrae, concéntrese de nuevo en la palabra". A diferencia de lo que ocurre en la contemplación, no existe la intención de reparar en la palabra uno, y no hay manera de que la palabra uno cambie o se manifieste. Y añade que: "la meditación basada en un estímulo se realiza con imparcialidad, sin esperar nada"; se trata simplemente de prestar atención y puramente atención.

Por último, también dentro del segundo grupo está lo que nombran: [4] "Meditación de concentración abierta", en la que, fijándose la persona, se concentra poco a poco en algún estímulo que exista en la mente y lo elimina; lo que se traduce en tolerar, o netamente, dejar que el estímulo aparezca y desaparezca, y luego esperar a que surja el siguiente. Y nos ilustra en un claro ejemplo: "Imagina que estás en un bosque de noche, que descansas en una tienda de campaña. Te sientes tranquilo y seguro, no tienes que imaginar nada. Relajado, escuchas los sonidos de la noche, y oyes el viento que sopla a través de los árboles. Percibe el sonido del viento, y sin pensar en él o sin tratar de imaginarlo, vuelves una vez más a escuchar tranquilamente. Ahora siente el viento ligero y suave, regístralo, deja de concentrarte en lo que has sentido, y vuelve a adoptar una actitud serena ". Y nos aclara que, en esta concentración abierta, no tienes que comprender las conexiones entre cada estímulo, no hay necesidad de buscar significados profundos. En lugar de prestar atención a una palabra, a un sonido, o a una sensación, presta atención al fluir incesante de todos los estímulos. En lugar de escuchar el viento y especialmente el viento, advierte el viento, luego la fragancia, luego el sonido de las aves, etc.; tu eres como un espejo, o como una laguna clara que refleja lo que viene y va, tu no interfieres. Es probable que te encuentres atrapado por ciertos pensamientos o distracciones, podrías seguirlos, tratar de rechazarlos, angustiarte o ser arrinconados por ellos. En este caso, cada vez que te distraigas, retoma la tarea de meditación, sereno y tranquilamente advierte la distracción, y vuelve a prestar atención a cualquier estímulo que acuda a tu mente.

Si ha ocurrido que actualmente ojeamos un mejor panorama de la meditación que seleccioné, nos es ya oportuno ultimar con mis objetivos de esta digresión, y retomar el camino.

Indaguemos de la práctica de las meditaciones precitadas para el caso nuestro. Los ataques de temor o las ideas obsesivas aunadas a los impulsos irresistibles no son otra cosa en la meditación que: "el estímulo a seguir". Qué esperamos que suceda si queremos enfrentar el ataque de tan formidable enemigo: una meditación contemplativa, perteneciente al grupo de ejercicios mentales restrictivos, cuya característica es la de ejercitarse en un estímulo para tratar de seguirlo, y verlo cambiar con ayuda del pensamiento, es precisamente, la actitud que necesita nuestro diabólico estímulo, para tragarnos en su macabra espiral; dependientemente busca que lo sigamos. Y para no ser avasallados, es esta meditación contemplativa la que hay que evitar infaliblemente.

ANTONIO DECINTI "EXTRACCIÓN DE LA PIEDRA DE LA LOCURA" -DETALLE- (2014)

Con el grupo de ejercicios mentales no restrictivos, naturalmente no sería practicable intentar concentrarse imaginariamente en alguna parte del cuerpo, o de otra cosa, ya que es justamente lo que nuestro fatal estímulo no consiente; opuestamente, tiende a arrastrarnos a dónde no queremos ir. En total, es fácil inferir que, en una meditación de concentración abierta, no estaríamos en posición de cambiar de estímulo a nuestra voluntad. Si lo hemos asimilado puntualmente, la lucha consiste en deshacernos de él, y aunque lo he dicho, lo refuerzo: sin huir, sin aborrecer, sin empeñarse, sin analizar o pretender saber si le seguimos o es él quien nos sigue;

sumariamente, es con este orden, como la mente nos permite ver con suficiente claridad, así como para dar una simple explicación de lo que nos está sucediendo; entonces, estamos meditando correctamente ante el fantasma aterrador. Lo cual se corrobora cuando sabemos que, sin haberlo buscado con anticipación, observamos su presencia sin ser llevados por él.

En conclusión, la posición que nos da la posibilidad de encarar a los fieros horrores es, la meditación de concentración centrada, perteneciente al segundo grupo de los ejercicios mentales restrictivos. No obstante, si se ha ejercitado poco, no es sencillo ubicar en la mente los pensamientos de temor al momento en que toman principio, y a decir verdad, tampoco cuando se han formado plenamente; pareciera que ostentan la habilidad de ser imperceptibles, o en realidad así son; es su naturaleza en tanto no tomemos conciencia de ellos. Antes por la práctica y la firme posición, al tomar conciencia de ellos y lograr verlos en su verdadero significado, se van atenuando las actividades de los enfermizos pensamientos o en casos más difíciles, de no atenuarse el miedo, por lo menos se contiene. Así que afirmo sin vacilación que, para no volver involuntariamente al río, o a enredarse con los funestos círculos de ideas obsesivas, es inapelable, repito, la disposición de una mente atenta; con la misma soltura en que se ve algo vivo y claro en la palma de nuestra propia mano.

Si bien, es indispensable realizar previamente el análisis, para identificar aquello que nos hace temer, sostengo que, lo que aparta o atenúa las ideas obsesivas es, el ejercicio de la meditación frente al fenómeno de las ideas obsesivas con impulsos de temor irresistibles, no el análisis por si propio, ni la operación intelectual del análisis, sino el ejercicio de la meditación de que hablamos ante el ataque de terror; esto es lo que definitivamente evita que las ideas absurdas se vinculen con otras, o se sigan atando más con los impulsos de temor. A saber, el temor se atenúa cuando los pensamientos pasan del juicio del miedo, a la idea aislada, mediante la meditación. Donde la idea aislada o las ideas aisladas son: las ideas absurdas que no se vinculan más con las ideas obsesivas; sin importar a que grupo de ideas pertenezcan, ya que, cualquiera de los tres grupos de ideas obsesivas, pueden ser vistas como meramente absurdas.

Por darle un calificativo a las ideas aisladas, llamémoslas ideas frontera, por que rompen o detienen la espiral del miedo o el terror; lo cual depende del daño que la naturaleza o las circunstancias hayan impreso de manera particular en cada caso. En los primeros años de mi lucha me era posible, no nada más detenerlo sino eliminarlo, sin embargo 30 años después sólo me es posible refrenarlo, debido a la aguda incidencia. Pero así como la enfermedad cierra el camino de manera cruel e inclemente, puedo comentarles con gran placer que existen también otras salidas, de mayor profundidad y simpleza a la vez; como es el caso del ejercicio de la respiración concentrada; la más elemental y sencilla de todos los ejercicios de meditación, que en lo personal me ha dado buenos resultados para no ser arrastrado por la mórbida espiral; aunque su ejercicio, como en todas las meditaciones, está delimitado por un estado de ánimo en el que, los nivel de ansiedad o desesperación, no hayan desbordado, poniéndonos fuera de todo intento de control. Dicho ejercicio consiste en estar atento a la respiración que realizamos segundo a segundo, con el cuidado de mantenernos atentos exclusivamente a observar la respiración, siendo un acto tan simple que nos permite detectar de manera consciente cuando nuestros pensamientos nos apartan del objetivo, y es cuando debemos rectificar regresando al ejercicio de la respiración, tantas veces como desviaciones se nos presenten; puede decirse que regresar el pensamiento a la respiración, es parte del ejercicio de la respiración concentrada. Si bien la respiración debe ser: primero buscando un lugar tranquilo, requisito que no siempre es posible y menos cuando uno más lo requiere; tan es así que pareciera que un ligar tranquilo es privilegio de pocos o de quienes no necesitan trabajar; lo que nos aleja de la posibilidad del autocontrol, pero que, pese a todo, debemos tener presente que nos es imperativo hacerlo para no caer en una escalada de terrible inquietud. Siéntate pues cómodamente con la espalda erecta sin forzarse, o también acostado, pero siente la respiración en tu pecho, a un ritmo de respiración suave y profunda, observándote segundo a segundo. El tiempo de meditación no está determinado por igual, no es una constante, varía en cada caso, pudieran ser 10 min u horas, hasta conseguir mitigar la agitación mental. En altos niveles de exacerbación no lo he intentado de esta manera, por lo que en realidad no sé si sea posible utilizarlo como herramienta, pero tampoco puedo negarlo. Sin embargo, lo tengo como alternativa en casos de intensidad prolongada o para una ansiedad que no cesa con el tiempo o cuando no me es posible visualizar con claridad las ideas frontera. Es así como resulta recomendable para quienes no es comprensible o útil el método de las ideas frontera.

EL INFIERNO DE SANDRO BOTICCELLI

REFERENCIA

1.- EUTIFRÓN O DE LA SANTIDAD (SÓCRATES VS. EUTIFRÓN).
2.- SOFISTA O DEL SER.
3.- MENÓN O DE LA VIRTUD (SÓCRATES VS. MENÓN).
4.- DINAMICA DE LA RELAJACION DE JONATHAN C. SMITH

CAPITULO IV

LOS 10 PRIMEROS AÑOS DE UNA LUCHA INTENSA

EL ÚLTIMO TERCIO DE AUGUSTO FERRER-DALMAU

A continuación, voy a tratar de describir fielmente algunos encuentros en los que enfrenté los ataques de la depresión severa, en circunstancias entonces, menos desfavorables de mi parte, ante esta enfermedad, en los primeros 10 años de un padecimiento, aunque igualmente intenso, pero menos severo que hoy, a decir por su pertinaz asedio: Si bien, ha sido un hecho confirmado por mí que, recordar las ideas frontera, así como el razonamiento que a ellas me llevó, me ha permitido recuperar el sosiego que hube perdido drásticamente, en más de una ocasión, por hallarme en situaciones particularmente estresantes; si hemos de juzgar en una perspectiva que en su momento la vislumbré con dramatismo; pero en las que imperdonablemente, habría permanecido hasta no recordarlas, o hasta no ingerir un ansiolítico que yugule los ataques. Y no quiero omitir, ni ocultar tampoco que, cierto día, habiendo contraído el "dengue clásico", éste fue mi proceder en uno de los peores brotes jamás vividos, por las secuelas de esta enfermedad. Así que, si hube echado mano de la droga (15 gotas de clonazepam por única vez), fue debido a que, en aquella aciaga noche, desperté abriendo los ojos con la agilidad con que la vigilia interrumpe una horrible pesadilla, y el alma nos alerta por una bestia que ha llegado con arrebato; parecido a un ser compuesto de una naturaleza que no principia y que su ataque nunca se hace esperar. Con prontitud, tomé las armas del conocimiento y estorbé su paso hasta conquistar la calma que me permitió conciliar nuevamente el sueño, y quedé dormido con la satisfacción de haber reducido al monstruo a la desaparición. Minutos después, estando yo dormido, reinició la contienda con todo el ímpetu de que es capaz, y sorprendido, me reincorporé, ahora que, en el trance, desvié mis pensamientos creyendo que corría la misma suerte del Rey Pirro ll, cuando hizo la guerra al pueblo romano; quien venció a costa de enormes pérdidas, mismas que coadyuvaron a desgastarlo, al grado de terminar a merced de aquellos; entonces, con un cuerpo débil, un alma influida por la enfermedad febril, y sin querer recordar más las ideas frontera, hui arrastrando conmigo el pavor, para refugiarme en la último de mis recursos, convencido de que, no estaría en mí nunca la gracia del autocontrol, por lo que sería preferible tomar bajo prescripción médica un tranquilizante. Y humildemente reconozco que, aquella noche, perdí contundentemente la batalla, por haber dado la espalda a la recta razón y reprimido mi voluntad. Mas esta derrota, no marcó el final, ni el presagio del fin de mis esfuerzos. Por ventura, años más tarde, por la determinación de probar los beneficios de la homeopatía, decidí retirarme los antidepresivos, que metódica e ininterrumpidamente ingerí los últimos 10 años, de aproximadamente 20 años de padecer depresión (hayan sido: inhibidores selectivos de la recaptación de la serotonina o inhibidores selectivos de la recaptación de la serotonina y noradrenalina); y fue que, cerca de mes y medio de haberlos suspendido, improrrogablemente, a mi vinieron, mientras dormía, los ataques de terror, o si lo prefieres, las ideas con impulsos de temor irresistible; disfrazados esta vez, de un sueño, en el cual me encontraba atrapado, sin esperanza, en un angosto y oscuro túnel, tan agosto que, no era posible mover mi cuerpo, ni siquiera para insuflar el aire. Bruscamente desperté escapando de la pesadilla, y comprendí al instante que mi viejo antagonista no cejaría de atacar, y así lo hizo; sentía su obstinada presencia codiciando penetrar para disuadirme de recobrar el control, al momento en que mi flaqueza o distracción le permitan desquiciarme en retirada. Y les llamo penetrar, cuando con la imaginación alimentamos a estas ofuscadoras ideas, disculpándolas y consintiéndolas con una imaginación que las crece en un santiamén. Haya valido la experiencia del anterior enfrentamiento, y el que, a la sazón, me anticipara en la disposición de mantener en claridad mis pensamientos, es el lance en el cual, no concedí distracción ni salvedad alguna hasta no domesticarlo.

Esta última embestida, me dio la confianza de extender la contienda; de no limitarme a arrostrar el ataque sólo porque se ha agotado toda excusa; disipando las impresiones de la mente que me inducen a evadir al enemigo, llámese fobias o pánicos. Atraído con la idea de que, por cualquier camino, habré de topar con él.

Después de 40 días de haber quitado de mi cuerpo los nombrados antidepresivos, y sin apartarme del medicamento homeopático, los ataques de horror reaparecieron con una reproducción sin precedente; dos o tres veces al día. Pese a lo inusitado, pude mitigarlos la mayoría de las veces; recuperando el control y por esto la confianza en mí mismo.

Sin embargo, por más que hice para conservarme atento a las ideas obsesivas con impulsos del miedo insuperable, hubo empresas en las que, desprenderlas implicó un prolongado y agostado encuentro; por haber olvidado inocentemente que: "es menester no anteponer a los mencionados ataques, una máxima o cualquier otra idea"; como si de un escudo se tratara para no ser golpeados; puesto que, regresa contra uno mismo, con la invariable persistencia en que un cuerpo es reflejado por un espejo, cada vez que pasa frente a é. Y la idea en cuestión fue concretamente que: "es factible eliminar el terror sin que hiera, excepto en el lapso que da comienzo, siempre que, con precedencia, se tenga la claridad de las ideas con las que está asociado"; que, de esta manera, sólo hace falta la habilidad que con la práctica se consigue. Si bien, este concepto no me parece equívoco, no hacía sino recordarlo reiteradamente; cayendo en el error por pretender que el dominio de uno mismo consistiera, en ser más insistente que las ideas obsesivas; cuando en realidad, es la vía por donde la oscuridad nos envuelve. De este modo, confundí de nuevo, el acto de estar atento, con el de pensar que debo estar atento y paciente ante cualquier ataque. No proceder así, es garantía de confusión y derrota; nómbrese concepto, razonamiento, o cualquier pensamiento por excelso o eminente que sea, se revierte contra mí, e incontestablemente me disuade de que es imposible suprimir el terror. Luego, sugestionado de que no hay nada que detenga las ideas obsesivas con impulsos de pavor irresistibles, es consabidamente el peor de mis infiernos.

Habiendo cuidado de no caer en el referido error, durante casi toda una tarde, contuve los ataques, no obstante, la inquietud interior, aunque tolerable, era de tal suerte incómoda, que nada me parecía agradable; con la desazón que da el miedo en el espacio que es incipiente. Estado de ánimo producido innegablemente, por un enfrentamiento inconcluso y deficiente, a decir por la falta de continuidad en la concentración; donde los pensamientos enfermizos o que están asociados a los impulsos de temor, penetran astutamente recuperando el terreno perdido. Llegada la noche en aquél mismo día, y antes que, por un esfuerzo de mi parte, la calma llegó a mí completamente. Pero habiendo transcurrido unas de dos horas de haber conciliado el sueño, desperté con la idea fija de que volvería a la refriega, y transcurridos algunos segundos, reiniciaba el anunciado ataque disfrazado astutamente; pues creí por la constante reincidencia que, avanzaba, con la prisa en que prolifera un cáncer invadiendo por entero el cuerpo; ya que cada vez era más confuso identificar las ideas enfermizas, a pesar de sostenerme atento. Plenamente convencido y habiendo perdido toda esperanza para resistir las subsiguientes batallas, me incorporé y tomé tableta y media de 4.5 mg. de Bromazepam; semejante al que busca un refugio en el punto en que las líneas defensivas de su ejército han quedado devastadas por el enemigo. A la mañana siguiente, me levanté sin deseo de reflexionar o analizar, sólo pensaba en el fármaco más apropiado para protegerme. Y de pronto, como un rayo, vino la respuesta, había caído en el engaño, tan simple como cierto, era que no se fundaba en ninguna otra cosa más que: "en creer que mi mal avanzaba, en virtud de que sería difícil identificar las ideas obsesivas aunadas a los impulsos de horror irresistible"; cuando lo único temible es precisamente esta misma idea; es decir, requiere que crea en ella, visto que por sí sola es insostenible, y no porque verdaderamente estas ideas enfermizas sean poco perceptibles. Y en lo que respecta a padecer una enfermedad que incuestionablemente avanza, no significa que dicha noticia, por ella misma, me desorbite al momento de recordarla o escucharla; es indispensable que exista un desequilibrio químico en mi cerebro. De lo antecedente entendí que, estas ideas obsesivas poseen tres principales habilidades:

1°. - Son extremadamente reiterativas.
2°. - Abordan con tanta rapidez, que casi no permiten detenernos a observarlas
3°. - Son tan versátiles, que nos engañan disfrazadas de sinnúmero de facetas, aunque no tengan más objetivo que en disuadirnos de no poder controlarlas.

Y si agregamos que, asimismo son hábiles para combinar las tres, tendremos que admitir en sentido figurado que, se trata de un formidable ente. Del cual deviene que, ser engañado por él es inevitable, haciendo uso de la razón o de la memoria. De aquí que es recomendable, escribir en un papel o bien memorizar con toda claridad, las ideas que pasan por la mente en los momentos de mayor intensidad, durante un ataque de terror; pero eso sí, guardando de no querer analizar o buscar respuestas, tampoco de anteponer máximas, ideas, conceptos, razonamientos o argumentos; únicamente en una actitud atenta, con el exclusivo propósito de ver estos pensamientos obsesivos, con la claridad con que vemos algo en la palma de nuestra propia mano. Y en seguida, no hacer menos que permanecer atento, ante su incomparable y particular insistencia.

Meramente una noche tuve que esperar, para corroborar estas observaciones. Y fue entonces cuando, habiendo despertado de una de esas pesadillas donde estoy encajonado en el abismo; en la eternidad de los muertos, mas conciente de la dimensión y tiempo; sobrevino, anunciándose con la sangre que se agolpaba en mi nuca, el sudor frío, y yo, presintiéndolo ya en puerta, me mantuve atento; como quien espera una noticia de interés; aguardando a los primeros pensamientos álgidos del pánico penetrante, de las ideas obsesivas aunadas a los impulsos de miedo irresistible, de las intensas ideas enfermizas que me arrastran y me precipitan en fuga desquiciada. Y contra toda fatalidad, no cruzo la puerta, dado que no sentí ningún temor, ni siquiera reparé en el que toma principio, a pesar de haber intuido hasta los huesos que iba a ser atacado con el máximo de su poderío. Asombrado, advertí que el arraigado mal, no prosperó; en la misma forma en que no se transmite la fuerza de la cadena al romperse un eslabón, y sin sucesión, aquellas bolas de cuero representativas de las mórbidas ideas se pierden, al romperse la correa. Y conociendo que se trata de un contendiente por demás porfiado, no quise ser tomado por sorpresa, y continué en la misma actitud hasta encontrarme tranquilo, o hasta sentirme libre de las reapariciones de los pensamientos enfermizos. Ya en completa calma, pude conjeturar sobre la naturaleza de las habilidades de las ideas obsesivas aunadas a los impulsos de temor irresistible:

a) Pueden acometer con gran éxito sin ser repetitivas.
b) Entretanto las ideas frontera no sean descubiertas, las ideas obsesivas son capaces de imprimir progresivamente el miedo cerval.

c) No es posible que penetren si están privadas de su habitual prosecución de rápidos pensamientos.

Dios quiera que mi sufrimiento y observaciones no sean sin provecho, que haberlas estudiado sirva por su veracidad. En lo que a mí representa, este conocimiento, es por supuesto, una gran ayuda, un regalo del cielo. Así y todo, me resulta complicado vivir atento, lo que entraña estar frecuentemente con ansiedad o intranquilidad; soportando desvelos, pesadillas, presentimientos de que algo malo está por venir; propiciado por una imaginación distraída que, empieza por admitir la cercanía de un depredador al acecho, el cual, espera sin descanso y pacientemente un descuido para atacar, y que prosigue, logrando su propósito, al menos incipientemente; bien que, en el peor de los casos, me he visto urgido por enfrentarlo, hasta frenar cumplidamente su implacable avance de horror; y pese a esto último, me incita a creer de ordinario que: "en esta ocasión, no voy a tener éxito".

Por la suma de los trastornos de que acaba de hablarse, resolví, con retomar los antidepresivos; para dar al cuerpo el componente que propiamente no produzco (serotonina y noradrenalina) y restablecer el sosiego y la vitalidad que proporcionan los mencionados fármacos.

Cómo no recordar la enorme admiración que me causó, aquella noche, al mostrarme a mi mismo la potestad que nos fue otorgada, para ser templados frente a grandes excitaciones nerviosas; sin dolerse por el más insignificante desequilibrio emocional. No es de sorprender que, esta maravillosa conquista, haya sido el móvil de las determinaciones que planeé para ahondar en el fenómeno llamado claustrofobia. Y habiendo intentado someterme de buena gana, a los espacios confinados, no sin pagar el precio de una vehemente agitación, pude enriquecer mi experiencia concluyendo dos principios ineludibles para quien no se ha ejercitado en la meditación enfocada en el control de sí mismo, y es víctima de las fobias:

A) Conocer e identificar previamente las ideas aunadas a los impulsos de terror.
B) Estar atento sin mutación, para esperar la progresión de dichas ideas obsesivas.

De otra manera, no creo factible hallarse uno sereno, sin padecimientos de angustia o desesperación; lo cual implica que: pensar en la meditación es perder la concentración; y consiguientemente pensar en la meditación no es lo mismo que hacer meditación.

Con lo concluyente y a pesar de no haber conseguido el domino sobre mi claustrofobia, estoy en situación de enderezar lo que hube concebido mal de la fobia social, por la razón de que, no comprendía cómo contenerla; debido a que, no hay reposo mental al tiempo en que se prestan los sentidos para escuchar, o se piensa para hablar; porque, querer concentrarse con una constante cesación o desviación de la atención, me parecía ciertamente inasequible impedirle el embate. Y opinaba que: ¡sin estar atento, nunca vería pasar las ideas frontera! Pero ahora sé que, si las ideas obsesivas aunadas al miedo social deben ser esclarecidas con anticipación, para posteriormente percibirlas, en un estado que no exige operación mental alguna, no hay obstáculo ni tropiezo, para reconocer la presencia de las ideas frontera; puesto que no me obliga a ejecutar dos operaciones mentales a la vez, lo cual sería en verdad imposible. Por el contrario, dejar de atender una plática, o el derredor en una convivencia, estaría mayormente propenso a la distracción, y por ello, a desviar mi mente hacia las cosas que temo; a cavilar en lo que justamente menos me favorece.

Al fin desengañado, la celda cerrada de la resignación se ha abierto para no cruzarme de brazos, ya que, si los antidepresivos representan una enorme ayuda, no son la panacea que subsana eliminando perfectamente los efectos de estas afecciones; en mi caso, si por suerte los medicamentos me devuelven la calidad de vida, no me curan, exclusivamente me controlan; y me remito al hecho en el cual, aun con el uso del medicamento de actualidad y en la dosis apropiada, hay lapsos en los que, sus beneficios se esfuman, dejándonos sin protección; debido en algunos casos, a la fisiología propia de cada individuo, o por interacciones medicinales, o por las secuelas de alguna enfermedad que desequilibre la química responsable de las emociones, o por factores externos, en que las circunstancias exceden cualquier previsión, o son inevitables, o por ser psicológicamente adversas en las cosas que el doliente considera importantes, y de las que permanentemente estamos expuestos hasta el término de nuestra vida. Y no se diga de los muchísimos casos que han sido mal recetados, pues para prescribir la dosis adecuada, es requisito natural, administrar particularmente a cada paciente; basado en el principio de que cada organismo, sin descartar los de su propia especie, no es idéntico a los demás, lo que obligadamente implica, indicar un medicamento y una dosificación apropiados para cada persona; hay quienes les es adecuado tratarse a la dosis máxima recomendada, en tanto que otros, apenas la requieren. Con todo, hay ocasiones en que dicho medicamento, no ofrenda favor al enfermo, y lo denominan enfermo refractario, ¡cuidado!, faceta en la que es fácil equivocarse entre un paciente refractario y uno mal diagnosticado.

Habiéndome sometido a nueve tipos de antidepresivos (todos de la cuarta generación o recaptadores selectivos de la serotonina), prescritos cada uno a lo largo de 10 años, y bajo la supervisión profesional de distintos psiquiatras, no he conocido aún medicamento que mitigue acabadamente mi fobia social. Haya sido por las deducciones que han venido a desembocar hasta aquí, o por la práctica de estas, es el caso en el que termino asentando tres premisas, de las cuales, satisfechas a plenitud, me permiten sobreponerme delante de la gente:

1°. - Identificar con antelación los pensamientos que me alteran o nos hacen desistir del encuentro; que comúnmente han sido el creer que es muy difícil mantenerme atento; aunque disfrazado de mil quimeras u ocurrencias que logran confundirme.

2°. - Conservar una actitud pasiva o de reposo intelectual, que no hace menos que esperar a las ideas que arrebatan.

3°. - Saber que el máximo dominio se alcanza, suprimiendo los impulsos del miedo, no así el rubor, ni el sudor, ni alguna otra manifestación extraña del cuerpo humano, u opinión propia o ajena, pero que están fuera del alcance de mi voluntad.

Gracias al trato cotidiano con las personas, he verificado, sin contradicciones que, mientras más atento esté ante las personas, más calmo me siento. Por desgracia para mí, es esto justamente, el meollo donde radical el mayor de mis defectos, el inicio de mis complicaciones y la continuidad de mis deficiencias. Y por la importancia de lo anterior, justificadamente he indagado acerca del ejercicio de la meditación profunda o de la meditación budista; de la cual estoy entusiasmado, ya que múltiples demostraciones nos aseguran que practicarla, permite desarrollar amplios lapsos de concentración, con un autocontrol extraordinario, que no necesita ni de las ideas frontera, lo que implica un autocontrol sin dolor, sin secuelas o sensaciones de intranquilidad, ni tampoco de manifestaciones irreductibles de temor.

Tales concepciones, me han encaminado hasta un punto en el andar en que, la filosofía que juzga y analiza ha terminado, para continuar en el camino de la filosofía que se interna en la meditación, excluyendo todo examen o razonamiento. Estamos hablando ya de la filosofía de los Budas, de los hombres virtuosos que con entrenamiento suficiente se han encumbrado a niveles que ellos mismos califican de: "vaciar el contenido de la conciencia, para ser llenado por la realidad", y sucintamente señalan: "la ilusión cesa, la realidad permanece"; estado mental y físico en el cual se conquista un máximo de dominio y plenitud. Habiendo sojuzgado a la ilusión intrínseca de los seres humanos, y de la que el resto de nosotros somos esclavos; y que es ampliamente marcado con los nombres de: obsesión, frustración, tristeza, miedo, ambición, odio, vanidad, etc.; aunque auténticamente son tan solo espejismos, y por lo que, en los ojos de un "iniciado", las pasiones se desvanecen. Cuentan que tal ejercicio lo practican diariamente, parecido a una profesión, aun sin esperar remuneración material alguna por su empeño. Y nos demuestran, por esta actividad permanente que, es posible obtener la habilidad para pasar de los pensamientos, a la quietud de la observación, con el objetivo de conseguir anular los sufrimientos espirituales y corporales. Tal es el caso de uno de los hombres de inestimable grandeza que, siendo hijo de príncipes, despreció riquezas y poder, y tuvo la divina inspiración de iniciarse en el camino de la virtud, y nos ha dejado algunas de sus palabras, como enseñanza para quien aspira seguir sus pasos: "Lo primero que debe aprenderse es, a escuchar con el corazón tranquilo, el alma abierta y atenta, sin pasión, sin deseo, sin opinión, sin juicio". Y nos participa que: "Los pensamientos y los sentidos, son cosas buenas, que se deben escuchar, sin hacerles excesivo caso o demasiado poco, y a través de ellos sorprender la secreta voz interior; voz que regia los afanes del iluminado. Que la última perfección humana, se alcanza en el arte de escuchar, olvidando el yo, para dejar de atender a los clamores de sufrimiento y dolor, y aguzando los sentidos". Y se dirige al más querido de sus discípulos con estas palabras: "La sabiduría que da la iluminación no se transmite, se puede comunicar el saber, pero no la sabiduría, cabe encontrarla, vivirla, en cuanto a decirla y a enseñarla, ¡no, no se puede!; mal sirven las palabras al derrotero misterioso de la doctrina ". Y profiere: "Voy a confesarte que hube pecado de lujuria, de concupiscencia y de vanidad, sólo después de vivir en la más vergonzosa de las desesperaciones, pude frenar mis afanes y pasiones; tremendo dolor costome amar el mundo verdadero, no confundirlo con aquel mundo imaginario deseado por mí, ni con el género de perfección que mi espíritu se representaba, aprendí a tomarlo tal cual es, a amarlo y a ser parte de él; la manera de vivir y obrar tiene mayor peso que los discursos, no es en los discursos ni en el pensamiento donde reside la grandeza, sino en los actos". Y en otros textos lo refieren predicando con esta claridad: "El mundo está lleno de sufrimiento para los hombres, pues su mente está llena de fantasía y su corazón se encuentra saturado de deseo y ambición. Los hombres perciben la realidad mediante el filtro de la ilusión, por lo que llegan a creer en las ficciones que ellos mismos elaboran y las toman como verdades. Una vedad así conduce al error, y ese error lleva a muchos otros que también se convierten en verdades ilusorias; todo esto puede ser satisfactorio por un tiempo, pero al final, sólo se encuentra la tribulación, la ansiedad y la miseria". Y sintetiza expresando lo siguiente: "Cuando cesa la ambición, comienza la libertad.

Cuando se extingue el fuego del odio y se desvanecen las ilusiones, las falsas creencias, y las contradicciones que nublan la mente, entonces se alcanza la libertad". Y resulta interesante encontrar que, este sistema, no es de índole religioso; dado que no intervienen entidades superiores, como mediadores para sublimar el espíritu o para diluir los apegos que nos excitan. Lo que explica por qué el budismo es tolerante con quien piensa distinto, siendo comprensivo con los principios y la adaptabilidad del practicante en sus etapas de progreso espiritual. Antes bien, hace énfasis en aquello que entorpece el desarrollo y por lo que podemos caer cautivos, al señalarnos cosas por las que se vanaglorian y proceden con prepotencia; y lo imputa específicamente a los poderes extraordinarios, o al contacto con personajes sobrehumanos; ya que nos desvían al querer encontrar un refugio y una explicación en ellos, perdiendo el rumbo en la búsqueda de la verdad.

Por todo este sucinto, y pretendiendo no desviarme de aquello que siempre está expuesto al menoscabo del tiempo (de 26 siglos), he querido apegarme a sus más fieles seguidores, que en nuestros días reciben el nombre de monjes del Za-Zen. Estos maestros, ayer y hoy, han demostrado con el ejemplo al mundo entero, hasta donde es capaz el ser humano para alcanzar el dominio del alma y el cuerpo.

No habiendo nada mejor para mí en que profundizar, empecemos por averiguar qué es el Zen, con las palabras del maestro Deshimaru[5]: "El secreto del Zen consiste en sentarse, simplemente, sin finalidad alguna, ni espíritu de provecho, en una posición de gran concentración". Esta forma desinteresada de sentarse se llama Za-Zen; Za significa sentarse y Zen meditación". Y agrega que: "la práctica del Za-Zen es de gran eficacia para la salud del cuerpo y del espíritu; pues yergue la columna vertebral, equilibra la justa tensión de los músculos y calma la agitación de las capas superficiales del cerebro, sin rehuir la realidad. Estar atento es el aquí y el ahora; lo que importa es lo presente, dando cuenta de los actos, palabras o pensamientos, sin pensar en lo pasado o en lo futuro, y olvidando el instante presente; se trata de sobrepasar, con la práctica, todas las formas de pensamiento. El Zen, no puede enmarcarse en un concepto, ha de ser practicado; es, esencialmente, una experiencia. La práctica del Za-Zen es únicamente concentración en la posición del cuerpo, en el modo de respirar y en la actitud del espíritu".

No es mi deseo detallar la posición del cuerpo, cuando yo, no lo he ejercitado aún, pero sí, abrir de par en par las puertas de la esperanza con los consejos del maestro Zen, quien nos explica además que: "La respiración juega un papel primordial, al establecer un ritmo lento, poderoso y natural, así que debemos concentrarnos en una respiración suave, larga y profunda; esta llega de forma natural. El ejercicio correcto neutraliza los shocks nerviosos, sobreponiéndonos a los instintos, a las pasiones y controlando la actividad mental, hasta el grado en que el córtex (corteza cerebral) descansa, y el flujo conciente de pensamientos cesa, produciendo una sensación de bienestar y serenidad. Sentados en Za-Zen, dejamos correr las imágenes y pensamientos que atraviesa el inconsciente; como nubes por un cielo limpio. Sin oponernos, sin agarrarnos a ellas; dejándolas que pasen al igual que sombras delante de un espejo. Y se llega al inconsciente profundo, más allá de todo pensar. El verdadero Zen, se practica sin motivación, sin finalidad, sin buscar el autocontrol de los pensamientos, sin nada que obtener, nada que pensar, no hay que buscar la verdad, no hay que huir de la ilusión. Únicamente estar presentes, aquí y ahora, sentado en silencio. Cuando uno está enfermo, débil, triste o concentrado en su pequeño yo, se acentúa la inspiración en el respirar (se alarga), y esto mengua aún más el organismo. Practicando lo contrario, se puede recibir la verdadera energía; si la espiración es justa, la inspiración se hace automáticamente, inconscientemente (sin cortar la espiración). Este método de respiración es la base de la salud"

Por mi parte le tengo fe a esta filosofía, sin embargo, albergo algunas dudas: cómo debo conducirme para no perder la concentración. Y una respuesta precisa, la encuentro también en su libro, cuando nos habla de este mismo problema: "A menudo, durante el Za-Zen, los pensamientos surgen sin cesar; problemas cotidianos, deseos, ansiedad, nos asaltan continuamente. No debemos luchar en contra, ni aferrarnos a ellos. Nuestro espíritu, es complicado, difícil de orientar, ágil como un mono;

si tratamos de dominarlo, caemos en la cuenta de que es imposible. No obstante, la práctica del Za-Zen, nos hace abandonar gradualmente las preocupaciones, las atracciones externas, como el murmullo del viento, el ruido de los coches, el canto de los pájaros. Pero existen diversos medios de favorecer esta concentración; por ejemplo: apretar fuertemente el abdomen durante la respiración. Los principiantes deben corregir al principio la concentración y la posición, después, poco a poco mejoran de manera inconsciente".

Por último, da referencia de quien, y donde se hicieron estudios con electroencefalogramas, que revelan un córtex en completa relajación, y un acrecentamiento y regularización en la actividad de las funciones del sistema neurovegetativo, ligadas a la actividad de las estructuras profundas subcorticales (bajo la corteza cerebral), durante la práctica del Za-Zen. Y explica su propia experiencia: "Una meditación profunda, tiene al pensamiento consciente prácticamente detenido, y la conciencia se vuelve apacible, tranquila, receptiva, entonces, la postura mantenida, la respiración profunda, crean un clima en el que no se piensa ni se sufre; vive uno en las profundidades del propio ser, donde todo es silencio, vacío absoluto, y se cortan las raíces del sufrimiento y de todo deseo. Por lo que es importante una habitación silenciosa, y una alimentación y bebida sobria, así como rechazar todo compromiso o negocio". Y concluye con estas máximas: "La verdadera sabiduría, está más allá de la inteligencia personal, la verdadera sabiduría, nuestra intuición, debe crearse mediante la condición normal, original, de la conciencia en el Za-Zen. No es importante creer, ni saber lo que es sustancial, o lo que son la causa y el efecto, sino, ante todo, cómo entender los fenómenos aquí y ahora, cómo debemos ser y cómo debemos vivir".

KAMAKURA BUDDA DAIBUTSU FRENTE 1885

REFERENCIA

5.- LA PRÁCTICA DEL ZEN

CAPITULO V

DE LA GUERRA

No obstante del conocimiento de sí mismo que he conseguido sobre mis padecimientos, en esta mi enfermedad, me resulta verdaderamente imposible deshacerme del dolor que se manifiesta en forma de miedo o intranquilidad a cada instante; como si un resorte infatigable que bombardea mi mente con sensaciones desagradables, que me hacen sentir la intranquilidad o bien, el miedo incipiente por algo que está por ocurrir, y que nunca da tregua al sosiego del alma; fenómeno que sabe aprovecharse de mi distracción para transformarse con asombrosa rapidez en los ya consabidos miedos obsesivos. De tal suerte que los impulsos en su menor nivel o insipiencia emocional caracterizan un cuerpo enfermo, por falta de algún componente químico del cerebro; como yo así lo he creído siempre, si queremos buscar la hipótesis de la causa primaria de mis padecimientos. Es así como el desequilibrio químico de mi cuerpo no permite la quietud de la mente, entorpeciendo a cada momento todo intento de desarrollo y el consecuente logro de una vida productiva, y útil a mi prójimo y a mi sociedad; a la cual aspiro y es la fuente de la que finalmente obtendría mi más grande aspiración espiritual. Por todo lo anterior, tratar de sobrellevarlo, es querer vivir cargando con un peso a cuestas, del que no permite intermisión. Pues quién así, no considera una desdicha encarnar una vida con dolor, que no da lugar al descanso.

Aproximadamente fueron 15 años los que me llevó dar con el medicamento apropiado a mi muy particular caso, después de haberme sometido a diferentes medicamentos (todos ellos recaptadores selectivos de la serotonina, de la cuarta generación); pero a partir de la pregunta clave que el médico psiquiatra me hizo; palabras más palabras menos, inquirió en los siguientes términos: **"recuerdas si lo que dio principio, de manera impactante, a tus padecimientos, fue por los miedos obsesivos, ò por las fobias sociales"**; de lo cual respondí que, por las fobias sociales. Con este hallazgo, fue posible precisar el diagnóstico, y consecuentemente el medicamento con la dosis que mi particular fisiología demanda y por lo que ha sido una realidad, en buena medida, cerrar el círculo de los malestares que acabamos de explicar. Si bien deseo de corazón hacerle saber a todo aquel que transita por el laberinto de espinas en la búsqueda del medicamento salvador que: **"no se debe**

confundir una depresión refractaria, con el hecho de estar mal o inadecuadamente medicado"; pues un paciente refractario, no obtiene beneficio con la ingesta de ninguno de los medicamentos conocidos por la medicina convencional, para controlar o mitigar los padecimientos de la depresión. Por último, bajo la supervisión psiquiátrica profesional, decidí agregar a mi toma diaria, un complemento que me ha permitido sumar vitalidad y concentración a mi intensa vida laboral, **agregué un segundo recaptador selectivo de la noradrenalina o norepinefrina**; ya que es mi caso el de una depresión severa, no bipolar, con antecedentes desde la infancia de déficit de atención; y sin duda se hicieron sentir los beneficios esperados, **excepto por la poca ventaja ganada respecto a la memoria en general (corto, mediano y largo tiempo)**. Quizá desde el punto de vista de un especialista en materia psiquiátrica, pudiera darse una explicación de mis padecimientos si se analizan los resultados de una resonancia magnética cerebral, a la que fui sometido, misma que reescribo literalmente y sin omisión alguna del diagnóstico:

"Lo valorado en las partes blandas y las partes óseas regionales se aprecian íntegras y de señal conservada. El parénquima cerebral demuestra pérdida de volumen de forma difusa, condiciona prominencia del espacio subaracnoideo y del sistema ventricular, con afectación principal a nivel bitemporal y biparietal. Se demuestran algunas lesiones nodulares hiperintensas, que afectan a la sustancia blanca profunda de ambos centros semiovales y coronas radiadas por lesiones isquémicas crónicas, señalando que la secuencia de difusión es negativa, descartando la presencia de insulos vasculares isquémicos recientes. No se demuestran lesiones hemorrágicas o tumorales intra o extra axiales. Las estructuras de la línea media están en su lugar, sin alteraciones, señalando que la región selar, pineal y el cuerpo calloso son normales. El tallo cerebral y los hemisferios cerebelosos no demuestran alteración. Se aprecia tortuosidad y elongación de los vasos del polígono de Willis, por cambios de ateroesclerosis. Como hallazgo se demuestran datos de una pansinusitis. Estudio de gabinete realizado el 16 de Marzo del 2018, teniendo el paciente 56 años.

Volviendo al sendero de la doctrina filosófica, para continuar avanzando en el ámbito psicológico, me encuentro con que, si nos permitimos llamar a las ideas obsesivas asociadas a impulsos de temor irresistible, el enemigo, e imaginar que se trata de un ente externo que nos ataca, caeríamos inopinadamente; es decir, sin el deseo de acomodar mis conclusiones o argumentos a los escenarios y condiciones que se viven en la guerra, si por la similitud natural en ambas circunstancias. Dentro del círculo de las definiciones y conceptos que durante los escenarios de guerra se le designa al enemigo, es, en suma, querer decir que nuestro enemigo es la fuerza que trata de tomar el control contra mi voluntad; es en pocas palabras, la batalla psicológica que se sufre por la imaginación, para no llegar a los abismos de la tortura, o física, cuando por causas reales se lucha para atemperar la violenta agitación que se sufre por la inminencia de la muerte.

Si bien conocemos a nuestro enemigo, habiéndolo estudiado por lo que sabemos que: es el ente que aparece como el relámpago y se mueve con la agilidad del mono, mediante ideas sin razón y atado a impulsos de temor; imaginando escenarios donde nos hace ver abatidos de miedo o terror con la consecuencia fatal de la pérdida de control en lo sucesivo; del irreversible fracaso en una vida sin sentido ni esperanza. En que toda su fuerza principal radica en la sorpresa y rapidez, de la cual no nos es posible alcanzar a ver su falta de fundamento, nos engaña, pues no da tiempo a ver su vacío, a develarlo como en realidad es, no obstante de utilizar siempre las mismas ideas y con la habilidad de no necesitar de escenarios diferentes, es decir, frente a las mismas cosas que no se desean que ocurran; en tal tenor es capaz de presentarse con pocos cambios de forma y sin fondo, motivo por el cual no debe despreciarse ni subestimarse su poder, ni aún por lo consabido de ellas. Esto es seguramente lo que les da su asombroso poder, al punto que mientras se tenga vida, él no morirá. Es así como se vive siempre con él, manifestando su gran poder con acopio de pocas cosas; como un adversario que nunca muere, que sabe luchar casi sin recursos y que nunca descansa, es en una frase: el ente con poder tan grande que, es capaz de crear la confusión mediante el miedo, de manera tan súbita que, querer evitarlo, sería como querer tapar los oídos antes del estruendo del rayo. Con la particularidad de ser más efectivo por su siempre inesperada y rápida presencia que, por disuadirnos a sabernos derrotados antes de la batalla, o bien, es más capaz de hacer daño por la rapidez de su despliegue para disuadir a mirarnos y sentirnos derrotados, trátese de una causa imaginaria o real.

Así pues, habiéndolo identificado, clasificado y evaluado en sus fuerzas, creemos conocerlo. Si bien para identificarlo en su realidad, será de suma importancia crear el ambiente apropiado que nos facilite la observación; de manera similar en que el que sufre por migrañas se aísla del ruido y de la luz y busca una cómoda posición del cuerpo; se hará también buscando un entorno de tranquilidad en el que no esté sujeto a las tensiones exteriores o llamados de sobresalto. De lo contrario me parece casi imposible conocerlos en su verdadera dimensión o realidad, y más aún que sin ayuda de los medicamentos, los ataques de terror pueden ser casi constantes o muy repetitivos a lo largo del día, tratándose de miedos generalizados. Mismo que implica no poder realizar una vida laboral ni estar al servicio de nadie, ni al cuidado de ninguna responsabilidad, pero dándonos este reposo para la observación, aun en estos términos infames, será de utilidad para no llegar al miedo cerval o al miedo extremo.

Regresando a lo que pretende ser una semejanza con carácter demostrativo y en las condiciones adecuadas antes mencionadas, haremos alusión al legendario **General Sun Tzu** en su milenario escrito de: **"El arte de la guerra"**, en que nos dice que: **Quien se conoce a si mismo y conoce a su enemigo, tendrá probabilidades de ganar no una batalla sino la guerra misma.** Se cree que el escrito tiene una antigüedad de aproximadamente 2,500 años, aunque muchos suponen que ha sido un compendio de muchos estrategas chinos, pero, de cualquier forma, ha mantenido sorprendentemente su vigencia hasta nuestros días; y aun es aplicado como filosofía en distintas materias como son: la política, la empresarial y por supuesto a manera de superación personal.

SUN TZU EN LA CIUDAD JAPONESA DE YURIHAMA (TOTTORI).

Sin embargo, resulta más sorprendente aun cuando menciona sentencias que no podrían tener diferencia alguna con lo que hasta ahora hemos asentado y probado en el estudio de la depresión severa, sea por su magnitud o gravedad, pues dice que: **"Las batallas se luchan en varias partes, pero siempre en la mente, donde cada elemento es tu enemigo y cada elemento es tu amigo"**. Es quizá un tanto o mucho muy enigmático, pero tenemos que reconocer que primero debe ganarse la lucha en la mente, y agrega que: **"En primer lugar has de ser capaz de mantenerte firme en tu propio corazón y solo entonces puedes desmoralizar al enemigo"**, es por fortuna de otra manera como se debe proceder en la depresión. Tales afirmaciones son literales de los manuscritos y develan que existe una asombrosa semejanza con nuestras conclusiones. Y si por suerte no parece serlo, que argumento tendríamos para con otra de sus máximas en las batallas: **"Los mejores guerreros estrategas siempre atraen a sus adversarios y no se dejan atraer hacia sus fortalezas, pero si consigues que ellos vengan hacia ti, su fuerza estará vacía, en cambio si no sales a combatir, tus fuerzas estarán llenas, este es el gran arte de vaciar a los demás y llenarte a ti mismo".** Y añade que: **"La rapidez es la esencia de la guerra cuando el enemigo esta indispuesto".** No debemos olvidar que dicha alusión aplica para las batallas de la antigüedad únicamente. Y también agrega que: **"Si no hay un lugar para el refugio se mantendrán firmes";** como lo exige la predisposición ante los ataques de terror, porque no existe refugio natural en la mente del que los sufre; a no ser que los elevados estados de meditación le permitan a un iniciado de esta disciplina conseguirlo. Y así mismo, creía que un general brillante debe frustrar los planes del enemigo, y **destruir sus alianzas**; es por ventura una coincidencia o es simplemente el proceder que debo mantener ante mi antagonista, ante los ataques de terror, y lo que ocurre si con éxito logramos que las ideas obsesivas no se aúnan a los impulsos de temor irresistibles. Por último, para consumar las semejanzas, el excelso general explica que: **"La doctrina de la guerra es seguir lo que hace el enemigo para decidir en la batalla",** y aclara al respecto que, es el enemigo quien nos muestra cómo debe ser derrotado; no es acaso la predisposición que tanto hemos resaltado ante los ataques de terror, la actitud de atención e inmovilidad.

A pesar de todo tenemos que reconocer que precisamente la más sublime de sus máximas, no es aplicable con la naturaleza de la depresión severa, puesto que menciona lo siguiente: **"Obtener cien victorias en cien batallas no es el colmo de la habilidad. Someter al enemigo sin librar combate es el colmo de la habilidad".** Escenario que únicamente ocurriría cuando no existe la enfermedad de la depresión, o bien por los veneficios contundentes de los medicamentos.

Con la mira de ejemplificar para una mejor comprensión de nuestros ejercicios mentales, pasemos al estudio del comportamiento de los combatientes durante un combate real en la guerra, como lo he dicho

en la guerra antigua, respecto a la lucha meramente imaginaria. En tiempos más recientes ha sido estudiada la conducta del combatiente por diversos filósofos de la doctrina bélica, si bien, son pocos los que han profundizado y redundado más en el factor psicológico, como es el caso del preclaro General Karl Von Clausewitz, general prusiano, (vivió de 1780 al año 1831), conocido por sus obras como un teórico militar, y por su obra principal: **"Sobre la Guerra"**. Participo en las campañas de la Primera Coalición contra la Francia

revolucionaria, padeció la catastrófica batalla de Jena-Auerstadt, contra la Francia Napoleónica en 1806. Para Clausewitz la guerra es un acto de fuerza física que se lleva a cabo para obligar al adversario a acatar nuestra voluntad. Y explica que entre fuerzas similares la guerra se convierte en el **territorio del azar**. **"Y dicha eventualidad aumenta la incertidumbre que preside todas las circunstancias y llega a trastornar el curso de los acontecimientos"**. La lucha imaginaria no es muy diferente en cuanto a incertidumbre se refiere, ya que precisamente es la incertidumbre lo que está en juego, el estandarte a conquistar entre los rivales, y que siempre está en el pensamiento; como si se tratara de un balancín que permite que la fuerza se transfiera de un extremo a otro, siendo el eje el punto de apoyo del parteaguas donde propende la mentalidad fatalista o el sentimiento victorioso por la batalla; se avanza y se retrocede constantemente hasta no alcanzar la serenidad o cesar la batalla. Si lo cotejamos con lo que lo que da a conocer Clausewitz en el capítulo III del primer libro, cuando hace referencia a la clasificación de los hombres en base a su temperamento, expresa literalmente que: **"En la guerra, más que en ninguna otra actividad humana, ocurren acontecimientos que pueden desviar a un hombre del camino que se ha trazado, haciéndole dudar de sí mismo y de los demás, a causa de las muchas y poderosas impresiones que acosan el espíritu y de la incertidumbre en que se ve envuelto el entendimiento".**

El simple entendimiento, argumenta Clausewitz, no implica valor, ya que se ha visto muchas veces que la gente más clarividente carece de determinación. Así el entendimiento debe despertar primero el sentimiento de valor que el mismo combatiente mantendrá y afirmará, porque en momentos de emergencia el hombre es dominado más por sus sentimientos que por sus pensamientos. No tengo duda que el sentimiento la mayoría de las veces, arrastra al entendimiento, va por delante de la lógica, de la recta razón o explicación de las cosas. En mi caso es a lo que llamo yo las ideas obsesivas asociadas a impulsos de temor irresistible, de esta forma es como se mueve el temor y cómo ataca, es su vehículo indispensable, de otra forma sería muy poco frecuente el fenómeno del miedo o sencillamente no podría existir. Después de los embates y derrotas, se requiere la determinación para que continúe la batalla una y otra vez; pero la determinación o sea el arrojo, la osadía no podría prevalecer mucho tiempo sino contamos con motivos suficientes, tanto objetivos como subjetivos, tanto verdaderos como falsos. Estamos hablando por consiguiente de la naturaleza de la guerra real y de la imaginaria. Y deduce de sus observaciones y vivencias que es el sufrimiento, meramente imaginario o percibido por los escenarios desgarradores del peligro real, quien conduce fácilmente a sentimientos que ganan ascendiente sobre la convicción del entendimiento, o bien de las ambiciones personales, y en medio de las tinieblas que ofuscan todo a su alrededor, la claridad de juicio profundo resulta tan problemático que provoca que el cambio sea más comprensible y disculpable. Y nos enseña que se tiene que actuar siempre con conjeturas y suposiciones sobre la verdad. De ahí que, en ningún otro lugar son tan grandes como en la guerra las diferencias de opinión, y en ella no cesa de fluir la corriente de impresiones que van en contra de nuestras propias convicciones y temperamento.

Bien haremos respaldándonos con Clausewitz para comparar el acto de inmovilidad ante los ataques de terror imaginario, es decir, el acto de permanecer atento con el fin de ver la realidad de las ideas obsesivas, de verlas como son en realidad, carentes de todo sustento, para no seguirlas más. Solo tenemos que recapitular el tema: **"Las Impresiones de Peligro"** del segundo libro, donde hemos tomado una sección de su comentario respecto al concepto del valor y del miedo: **"el valor del combatiente no constituye en forma alguna un acto del entendimiento, sino un sentimiento, del mismo modo que lo es el miedo; este último persigue la preservación física, mientras que el valor busca la preservación moral; el valor es un instinto más noble; pero precisamente por serlo no puede ser usado como un instrumento inanimado, que cause sus efectos en un grado exactamente predeterminado; por lo tanto el valor no constituye un simple contrapeso del peligro, para contrarrestar los efectos que produzca, sino una magnitud en sí mismo".**

Mencionemos ahora las consideraciones de Clausewitz acerca de la moral en la guerra: No es posible desterrar las fuerzas morales en la guerra, porque los efectos de las fuerzas físicas y morales están completamente fusionados y no pueden ser separados como una aleación por medio de un proceso químico. En toda regla, relacionada con las fuerzas físicas, nos

KARL VON CLAUSEWITZ N(1780-1831)

complementa, la teoría debe tener presente al mismo tiempo la participación que cabe asignar a las fuerzas morales, si no quiere caer en el error de establecer proposiciones categóricas, que son a veces tan pobres y limitadas como demasiado amplias y dogmáticas. Aun las teorías menos espirituales, nos refuerza en que, han perdido su rumbo, inconscientemente dentro del ámbito de la moral; y ejemplifica poniendo en claro que: los efectos de una victoria nunca pueden ser totalmente explicados sin considerar las impresiones morales y que la moral compone la mayor parte del armamento, el verdadero armamento.

En lo que, a mí respecta, mantengo dos principios morales que evidentemente nacieron de los peores momentos de mi vida, de donde tomo la fuerza moral, mis convicciones: primero de creer que no se puede derrotar a quien no se da por vencido, y segundo, el reconocer que se trata de un mandato divino de todo ser humano, el enfrentar la adversidad que toda realidad pueda traernos, hasta no perder el aliento. Es lo que llena mi espíritu y da sentido a mi vida, y con lo que me es posible alcanzar a ver la realidad de las cosas, el que la vida en la tierra es tan breve, que no debemos olvidarlo, ni aún en las más agradables experiencias; a la manera en que un auriga le recordaba al general triunfante de la última campaña militar, en la entrada triunfal a la antigua Roma imperial, tirado ambos, auriga y general, por un carro con caballos, con la encomienda de repetirle al héroe al oído que: **"todo es pasajero"**. Todo es pasajero para todos, para que no nos sorprendamos, como si nada supiéramos o como si yo fuera la excepción universal de que fuera a morir.

No quiero dar a entender que no tenga miedo a la muerte, ni tampoco que soy un romántico de la guerra, pero si admiro la historias y leyendas épicas, especialmente a los hombres y mujeres que mediante su esfuerzo posen un valor ejemplar; pero no a aquellos que no requieren de ningún esfuerzo para ser temerarios; y por supuesto que no considero que la guerra es un mal inevitable o necesario, ni mucho menos apruebo las masacres y sus calamidades. Cómo puedo desear al prójimo aquello que tanto sufrimiento me ha traído por los miedos, y que toda una vida me ha tomado estudiarlos para tratar de controlarlos junto con los medicamentos.

Todos necesitamos de algún tipo de estímulo moral, para salir al paso de situaciones críticas o difíciles, y vemos que en el caso del soldado que lucha contra un antagonista real, según Clausewitz, debe tener el espíritu impregnado de la voluntad de acción que lo activa y guía. Y continúa con que, las fuerzas morales y la influencia que ejercen, a menudo increíble, se hallan muy bien ejemplificadas en la historia, enseñándonos que las fuerzas morales empiezan con la capacidad del jefe, las virtudes militares de todo el ejército y su espíritu nacional. Y nadie puede, nos dice, determinar en forma general cuál de estas potencias tiene mayor valor, lo mejor es no subestimar ninguna de ellas; en pocas palabras el espíritu nacional de un ejército se pone de manifiesto por el entusiasmo, el fervor fanático, la fe y las opiniones favorables.

Con lo anterior queda claro que para encarar o enfrentar al enemigo, real o imaginario es de toda necesidad la fuerza moral, y para un ejército, no será posible tampoco cuantificar ni tipificarlas como si se tratara de moldes o espejos; difieren en cada persona, pero si deben formar una adhesión con el conjunto de combatientes que sume todas sus fuerzas como un solo bloque, bajo la obediencia, el orden y el método.

Algunos de los escritores más connotados en materia militar, coinciden en que la guerra vista desde el punto de vista estratégico es: **"el arte del engaño"**. E igualmente sumando a Clausewitz respecto a la concentración de las fuerzas en la guerra, concluye en que: "**No hay ley más simple e imperativa para la estrategia que la de mantener concentradas las fuerzas".** A partir de estaos dos conceptos que concedemos a nuestro antagonista, estamos en posición de caracterizar su estrategia, si le asignamos a él que: No 1.- aparece siempre engañándonos al mostrarse como si se tratara de la inminencia de un mal o un peligro inevitable y bien fundamentado, No 2.- siempre aparece con las ideas obsesivas aunadas a impulsos irresistibles, es decir con sus dos partes fuertemente unidas o concentradas, y No 3.- por su implacable pertinencia y rapidez.

En el lado opuesto, existe un ser real, no sin carencia de estrategia porque: No 1.- posee la fuerza moral que nos permite mantenernos en pie de lucha, No 2.- es capaz de mantener sus fuerzas concentradas, si nos mantenemos atentos a sus ataques, lo cual da la posibilidad de dividir la fuerza del oponente, al develarlas como son en realidad, hecho que influye directamente a su debilitamiento, y No 3.- la ayuda de medicamento adecuado que fortalece las dos anteriores y por tiempo indefinido.

Clausewitz define que el encuentro en la batalla es el momento en el que el recurso o la fuerza para dominar al contrario entra en acción para destruir su voluntad y su posibilidad de combatir. Y nos anexa el que debe ser examinada sucesivamente, la ruptura del equilibrio, la duración del encuentro, el desenlace y después el papel que asume la batalla principal, así como los efectos de la victoria o la retirada después de una derrota. Lo cual traducido al plano imaginario no es más que estudiarnos antes, durante y después de un encuentro o enfrentamiento, con el fin de estudiarnos para las batallas subsiguientes, sustentado siempre con la fuerza moral, la fe o los ideales de cada quién; por lo que tendremos que observarnos hasta el último momento del encuentro, sea exitoso o no y analizar en donde fallamos y qué error cometimos hasta no mitigar los ataques de temor, o reducirlos al nivel de convertirlos ante nuestra percepción en: **un dolor únicamente que no asocia ideas obsesivas.**

También como parte del estudio de la guerra habla del terreno o la localidad en donde se dará la batalla, como parte del estudio global. Sin embargo, en el plano imaginario no tiene influencia esencial, pues en realidad el escenario que mentalizamos puede ser el mismo o ser diferente, no altera la intensidad de los efectos indeseables.

Es importante subrayar la diferencia de ataque y defensa entre la guerra real y la imaginaria, ya que evidentemente no podrían ser del mismo vigor y sentido. Para ello nos apagamos a los conceptos y definiciones de Clausewitz en una contienda real, de lo que infiere que la defensa es simplemente la detención de un golpe y su signo característico es la espera de ese golpe; este es el rasgo que hace de cualquier acto un acto defensivo. Concepto dentro del cual se circunscribe también a la guerra imaginaria. Y contempla enseguida que: debido a que la defensa absoluta contradice por completo el concepto sobre la guerra, no obstante, la razón nos hace entender que estamos obligados a devolver los golpes del enemigo; hecho que desde este momento se aparta conceptualmente de la guerra imaginaria; y continua en que no será una contradicción, puesto que como fuerza relativa mejora por lo general si alcanzamos una victoria mediante el sostén de la defensa, por lo tanto, el curso natural de la guerra es comenzar con la defensa y terminar con el ataque. Y lo reafirma con la idea de que el objetivo primordial en la guerra no es la defensa sino la victoria. De lo último podemos inferir que la guerra imaginaria no devuelve los golpes como la real, sino que continúa en atención a los ataques obsesivos, y que nuestro concepto final no es el de mantenernos en posición contemplativa, sino en abatir o fragmentar las ideas obsesivas asociadas a impulsos de temor irresistible. Lo cual implica también que debemos aceptar categóricamente que recibir el golpe imaginario es: **sentir el miedo primero, incipiente o contundente, sufrirlo primero para poderlo observar.**

Finalmente mencionaremos lo que Clausewitz nos dice de la defensiva respecto a la ofensiva, desde el punto de vista táctico, es decir, visto como el arte de disponer, mover y emplear la fuerza bélica en el combate; y es porque la defensiva se caracteriza por ser la resistencia pura, o también por ser el medio natural de sobrevivir al enemigo en la continuación de la lucha, o sea de rendirlo por cansancio. Y agrega que el método de agotar al enemigo es lo que caracteriza al gran número de casos en los que el más débil se impone al más fuerte. Como se ha dicho, en la depresión severa imaginaria, sin medicación, y con ataques de miedos constantes, es literalmente imposible agotar los impulsos de temor irresistibles, son de una afluencia tal que en vigilia no se agotan nunca, y que lo son aun con el debido reposo y actitud para su observación.

Por esta misma analogía que he tratado de dimensionar emocional y estratégicamente, con hechos que pudieran resultarnos medibles, es mi deseo concluir con los comentarios del Mariscal Montgomery, en la guerra moderna, a fin de cerrar el concepto de la fuerza moral, para enfrentar los miedos en general. Menciona que: las batallas se ganan primariamente en el corazón de los hombres, porque si su voluntad empieza a fallarle cuando el resultado está en el alero, lo probable es que triunfe su adversario. Y relata en su libro de "Historia del Arte de la Guerra", que la causa de guerra más común e infalible entre los pueblos primitivos es el exceso de población, por una súbita elevación en la población de un área y por la falta de alimentos o de agua, lo mismo por lo que los animales luchan entre sí. Y continúa con el hecho de que, la guerra se encuentra también en la naturaleza, y argumenta que, la historia de las realizaciones humanas demuestra que la cooperación es por lo menos tan normal como la contienda. Y añade que: "los estímulos de ira, agresión y temor son naturales solamente en la medida en que, en una situación social competitiva, cada criatura representa una frustración o un peligro para su prójimo". Y respecto a la ética de la guerra piensa que: "debemos sacarnos de la cabeza, de una vez y para siempre, la idea de que hay o pueda haber jamás algo humano", y hemos de admitir que, en todo su horror ha comportado un declinar de los niveles morales más extremos de todo lo conocido. Pero la paz que ahora disfrutamos es la paz de la victoria sobre la bestia que hay en los hombres, y esta victoria no sobrevivirá si se pierden las virtudes que la obtuvieron y la sostuvieron. Y por último se sigue en que: "En la guerra se da mucho bien y mucho mal; Cuando los hombres se sienten inspirados para ofrecerse a una causa noble y elevada, las penalidades hacen aflorar sus mejores cualidades: camaradería, tenacidad, valor, abnegación y predisposición a morir". Y termina con un de los poemas hallados en el desierto occidental durante el avance del 8° ejercito después de las batallas del El Alamein; ciudad de la costa del Mediterráneo, del norte de Egipto**:** *"Ayudadme, oh, Señor, cuando la muerte esté cerca, a mofarme del macilento semblante del temor; que cuando caiga, si he de caer, triunfe en el polvo mi alma".* Y conmovido nos deja sus propias palabras: "Al contemplar filas y más filas de cruces, de cada uno de los caídos en las batallas: "**no pude menos de pensar que no hay mérito en la pérdida innecesaria de una vida humana; que, en verdad, solo hay vergüenza y demencia**".

CAPITULO VI

MIEDO A LA MUERTE

TANATOS DIOS DE LA MUERTE DELA MITOLOIA GREÍGA

No siendo mi intención haber recorrido muchas cosas, sin profundizar en ninguna, reconozco que, de modo insuficiente, fui dejando en el camino cuestiones que, por no poder desentrañarlas, no hice más por mirarlas. De entre estas, hay una en especial que no he olvidado, por el contrario, quise cargar con ella hasta el final de mi camino, y es precisamente mi miedo a la muerte; pero no a la que se intuye como el más perfecto estado de anonadamiento, sino a la que el incontrolable pavor nos hace creer.

Nada de lo anterior hubiera sido posible describir si en los peores momentos de mi vida, a lo que yo llamo experimentar el miedo cerval, no hubiera igualado o quizá superado el miedo a la muerte, de no ser así, es probable que me hubiese quitado la vida; por pensar en que la muerte es el lugar eterno de la sofocante conciencia, en la que el único anonadamiento es el de la esperanza o el del alivio, y todo, por creer en el estado de la suspensión perene de la total oscuridad, donde lo único permitido es el sufrimiento sin definición. Es sin duda una de las causas que efectivamente contribuyeron a preservar la vida, en suma, contribuyó tanto mi cobardía como mis ideales para no morir en un desenlace trágico.

Es así como, por oposición, hay pocas cosas que sobrepujen a mi prejuicio de la muerte en dichos momentos; y una de ellas es la conversación que tuvo lugar entre quien Aristóteles nombrara: "el inventor de la ciencia moral", y sus seguidores más cercanos, momentos antes de ser ejecutado. Y es mi deseo finalizar con las palabras que por pertenencia corresponden al más ilustre de sus biógrafos:

[6] "Por mi parte he despreciado lo que la mayoría de los hombres estiman, y no teniendo otra guía que la verdad, haré cuanto pueda por vivir y morir, cuando el tiempo se haya cumplido, tan virtuoso como me sea posible. Invito a todos, y te invito a ti, a adoptar este género de vida y ejercitarse en este combate; que después de haberme distinguido en las batallas de Potídea, Anfípolis y en Delio, es consigo mismo la lucha más interesante, a fe mía, de todas las del mundo. Sírvete de la luz que arroja esta conversación, que nos hace ver que, el mejor partido que podemos tomar es vivir y morir en la práctica de la justicia y de las demás virtudes.

Marchemos por el camino que nos traza, y comprometamos a los demás a que me imiten".

Y cuando fue conducido ante los jueces por el cargo de corromper a los jóvenes, so pena de muerte les dijo: [6] "Temer a la muerte Atenienses, es creerse sabio sin serlo, y creer saber lo que no se sabe. En efecto, nadie conoce la muerte ni sabe si es el mayor de los bienes para el hombre. No obstante, se la teme, como si se supiese con certeza que es el mayor de los males. ¡Ah! ¿No es una ignorancia vergonzante creer conocer una cosa que no se conoce? Respecto a mí, atenienses, quizá soy en esto muy diferente de todos los demás hombres, y si en algo parezco más sabio, es porque, no sabiendo lo que nos espera después de la muerte, digo y sostengo que no lo sé. Lo que sé de cierto es que, cometer injusticias, y desobedecer al que es mejor y está por cima de nosotros, sea Dios, sea hombre, es lo más criminal y lo más vergonzoso. Por ello, yo no temeré ni huiré nunca de males que no conozco, y que son quizá verdaderos bienes; pero temeré y huiré siempre de males que sé con certeza que son verdaderos males".

Los últimos momentos de su vida los pasó hablando de filosofía, rodeado de sus discípulos asiduos. Y aunque Platón no estuvo presente ese día, nos refiere el relato de este grupo de amigos: "Al verlo y escucharlo con tanta fe, parecía un hombre dichoso que no moría sin la protección de Dios. Tampoco sentíamos el placer que se mezclaba ordinariamente en nuestras pláticas; sentíamos como una rara mezcla de placer y dolor, cuando nos poníamos a considerar que dentro de un momento iba a abandonarnos. No dejamos ni un solo día de verle en la prisión, y pasábamos ordinariamente todo el día con el. Y el día de la ejecución nos reunimos más temprano. Habíamos sabido la víspera, al salir por la tarde de la prisión, que el buque había vuelto de Delos. Y en ese día el alcalde nos dijo que esperáramos en la entrada, porque los Once[7], mandaron ahora, quitar los grillos a Sócrates, dando orden para que muera hoy. Al entrar lo encontramos con Jantipa, su mujer, que tenía uno de sus hijos en brazos. Después de que Sócrates pidiera a su amigo Critón que la llevara a su casa, la cual iba sollozando, continuamos como de costumbre hablando de filosofía, y sin que nadie deseara tocar el tema, habló así:

Sócrates. - No puede darse una ocupación más conveniente para un hombre que va a dejar de vivir bien pronto que, la de indagar ese mismo viaje. ¿En qué mejor cosa podemos emplearnos hasta la puesta del sol?

Cebes. - ¿En qué se fundan, Sócrates, los que afirman que no es permitido suicidarse? He oído decir a muchos que es malo; pero nada he oído que me satisfaga sobre este punto.

Sócrates. - Jóvenes, lo que he escuchado puede parecer irracional, pero no es debido a que carezca de fundamento. No quiero alegar la máxima enseñada en los misterios, de que nosotros estamos en este mundo, cada uno, limitados a un puesto y que nos está prohibido abandonarle sin permiso. Esta máxima es demasiado elevada, y no es fácil penetrar todo lo que ella encierra. Pero he aquí otra más accesible, y que me parece incontestable: ¿no es verdad que los hombres le pertenecen a Dios?

Cebes. - Muy cierto.

Sócrates. - Tú mismo, si uno de tus esclavos, sin tu orden, se quita la vida, ¿no montarías en cólera contra él?

Cebes. - Sin duda.

Sócrates. - Por esta razón, es justo sostener que no hay motivo para suicidarse, y que es preciso que Dios nos envíe una orden formal para morir, semejante a la que me envía a mí en este día.

Cebes. - Lo que dices me parece probable, pero decías que el filósofo se presenta gustoso a la muerte, y esto me parece extraño, si es cierto de que los hombres pertenecen a Dios, a no ser que creyeras de veras encontrar en el otro mundo mejores cuidados.

Sócrates. - Puedo quizá hacerme ilusiones al respecto, sin embargo, voy a confesarles por qué no estoy tan afligido en estos momentos, esperando que haya algo reservado para los hombres después de la vida, y qué, según la antigua máxima, los buenos serán mejor tratados que los malos. Pero antes veamos lo que Critón tiene que decirnos. Me parece que ha rato intenta hablarnos.

Critón. - Por qué si no sabes que es la muerte, albergas una esperanza muy profunda de que es un bien, puesto que es preciso de dos cosas: una, o la muerte es un absoluto anonadamiento; una privación de todo sentimiento, un dormir pacífico que no es turbado por ningún sueño, o bien, es un tránsito del alma, de un lugar a otro donde quizá están los jueces de la eternidad, que hacen verdadera justicia. ¿No te equivocas al decir que la muerte es un gran bien?

Sócrates.- Ya es oportuno que exponga delante de vosotros, las razones que tengo para que un hombre, que ha consagrado toda su vida a la filosofía, deba morir con plena entereza y serenidad: Ridículo sería que después de haber proseguido sin tregua, durante toda mi vida, una preparación para afrontar a la muerte y de haberles aconsejado que la sabiduría no consiste en explicar el mundo, sino e fabricarse un refugio de tranquilidad con las pocas cosas que la pueden dar, temiese y recelase ante ella. Cuál es el motivo para desear morir y de que soy digno de la muerte. Vamos a ver si piensas como yo. Te parece que la mayor parte de los hombres se figuran que el que no tiene placer en cosas como el comer, beber, en el amor, el vestir y en todos los demás adornos del cuerpo y no los aprovecha, no sabe verdaderamente vivir; y cree que el que no disfruta de los placeres del cuerpo, está bien cercano a la muerte.

Simias. - Es verdad.

Sócrates. - Y tú, ¿crees que un verdadero filósofo debe de estimarlos o despreciarlos; siempre que la necesidad no los fuerce a servirse de ellos?

Simias. - No puede menos que despreciarlos.

Sócrates. - Entonces, todos los desvelos de un filósofo no tienen por objeto el cuerpo, y que por el contrario son los del alma.

Simias. - Seguramente.

Sócrates. - Así pues, entre todas estas cosas de que acabo de hablar, es evidente que lo propio y peculiar del filósofo es trabajar más particularmente que los demás hombres, en desprender su alma del comercio del cuerpo.

Simias. - Es verdad.

Sócrates. - ¿Y qué diremos del cuerpo cuando se le asocia a la indagación de la ciencia? Voy a explicarte mediante un ejemplo: La vista y el oído, llevan consigo una especie de certidumbre, o tienen razón los poetas en sus cantos al decirnos que realmente no oímos ni vemos. Ya que, si estos dos sentidos no son seguros, los demás lo serán mucho menos, dado que son más débiles. ¿No lo crees como yo?

Simias. - Sí, sin duda.

Sócrates. - ¿Cuándo encuentra entonces el alma la verdad? Porque mientras la busca con el cuerpo, vemos claramente que este cuerpo le engaña y le induce al error.

Simias. - Es cierto.

Sócrates. - ¿No es mejor si el alma no se ve turbada por la vista, ni por el oído, ni por el dolor, ni por el placer; y cuando en sí misma, abandona el cuerpo, sin mantener con él relación alguna, en cuanto esto es posible, ¿fijándose en el objeto de sus indagaciones para conocerlo?

Simias. - Perfectamente dicho.

Sócrates. - Y no cumple así cuando el alma de de un verdadero filósofo desprecia el cuerpo, y hace lo necesario para librarse de sus distracciones; que no hace más que despistar el alma en la búsqueda de la verdad, siempre que consigo tiene la menor relación.

Simias. - Tienes razón.

Sócrates. - Se sigue de este principio que, entre tanto tengamos nuestro cuerpo, y nuestra alma esté sumida en esta perturbación, difícilmente poseeremos la verdad. En efecto, el cuerpo nos pone mil obstáculos al obligarnos a proporcionarle alimento, por las enfermedades que sobrevienen y que nublan las indagaciones. Por otra parte, nos llena de amores, de deseos, de temores, de mil quimeras y de toda clase de necesidades. ¿Y de dónde nacen las guerras, las sediciones y los combates?: del cuerpo con todas sus pasiones. ¿Acaso las guerras no proceden del ansia de amontonar riquezas, y no nos sentimos apremiados a amontonarlas a causa del cuerpo, para servir como esclavo de sus exigencias? Lo que nos demuestra que, en la generalidad, no hay concesión para pensar en la filosofía; de suerte que, el mayor de nuestros males ocurre en el acto de ponernos a reflexionar, y en esos momentos, de repente, interviene el cuerpo para distraernos de nuestras indagaciones. Si es imposible conocer la verdad, en tanto vivimos con el cuerpo, ha de suceder una de dos cosas: o que no se conozca nunca la verdad, o que se le conozca después de la muerte; una vez que el alma, libre de la carga material, se pertenezca a sí misma; hasta que Dios venga a libertarnos de los impulsos que nos inficionan. ¿No lo crees como yo?

Simias. - Seguramente.

Sócrates. - Si es exacto lo que he mencionado, todo hombre que llegue a verse en la situación en que me hallo, tiene un gran fundamento para esperar que allá, mejor que en otra parte, poseerá lo que con tanto trabajo buscamos en este mundo; de manera que este viaje, que se me ha impuesto, me llena de una dulce esperanza. Te pregunto: ¿no constituye esta separación y esta libertad, toda la ocupación de un verdadero filósofo?

Simias. - Así me lo parece.

Sócrates. - Por consiguiente, los verdaderos filósofos se ejercitan para la muerte, y no les parece en sentido alguno terrible. Piénsalo tú. ¡Ah! mi querido Simias, hay que creer que irán con el mayor placer.

Simias. - ¡Por Zeus!, es toda una extravagancia.

Sócrates. - ¿Y no previenes que la fortaleza y templanza, que sólo de nombre son conocidas por la mayoría de las personas, son las virtudes que consisten en no ser esclavo de sus deseos, sino en hacerse superior a ellos, y en vivir con moderación?

Simias. - ¿Cómo no?

Sócrates. - Y si quieres examinar la fortaleza y la templanza de los demás, encontrarás que son muy ridículas.

Simias. - ¿Por qué?

Sócrates. - Porque la inmensa mayoría de los hombres creen que la muerte es uno de los mayores males. Y cuando los hombres que se llaman fuertes sufren la muerte con algún valor, no la sufren sino por temor a un mal mayor.

Simias. - Convengo en ello.

Sócrates. - Luego, los hombres son fuertes a causa del miedo. ¿Y no es una cosa ridícula que un hombre sea valiente por temor, o fuerte por timidez?

Simias. - Tienes razón.

Sócrates. - Conque esos mismos hombres que se dicen moderados o templados, lo son por intemperancia, y aunque parezca esto imposible a primera vista, es el resultado de esta templanza loca y ridícula; de un proceder en el que, renuncian a un placer por el temor de verse privados de otros placeres que desean, y a los que están sometidos. Llaman intemperantes a los que son dominados por las pasiones; pero, a un tiempo, ellos no vencen ciertos placeres sino en interés de otras pasiones a que están sometidos y que los subyugan; y ésto se parece a lo antedicho, que son templados y moderados por intemperancia.

Simias. - Me parece muy cierto.

Sócrates. - Lo cual significa que, la fortaleza, la templanza, la justicia, la prudencia, en una palabra, la virtud, es verdadera, independientemente de los placeres, de las tristezas, de los temores y de todas las demás pasiones. Mientras que, sin esta virtud, resulta sólo la transacción de unas pasiones con otras; no son más que sombras de virtud, virtud esclava del vicio, que nada tiene de verdadera ni de sano. La verdadera virtud es una purificación de toda suerte de pasiones; y hay muchas señales para creer que los que han establecido las purificaciones no eran personas despreciables, que en mi opinión han filosofado acertadamente. Si mis esfuerzos no han sido inútiles, y si lo he alcanzado, espero por la voluntad de Dios saberlo en breve. He aquí fieles amigos, mi apología, y la causa de que no estoy triste ni privado de sosiego; antes bien, con la esperanza de que encontraré una vida mejor.

Llegado el momento, bebió con mano firme el veneno que había de tomar para acatar la sentencia de muerte que le fue impuesta por el tribunal Ateniense; por corromper a la juventud a través de sus discursos.

Critón, con lágrimas en los ojos, añadió, Sócrates, mueres inmerecidamente. A lo que Sócrates repuso, sino lo hiciese, lo merecería.

Con aquella serenidad con la que dialogaba con sus discípulos, se tendió en el lecho, se cubrió con una sábana, y debajo de esta esperó la muerte, que le comenzó por los pies, y le subió lentamente; como él lo describiera, al instante de ir perdiendo la sensibilidad en sus pies, y posteriormente en sus piernas. Y al fin, la luz que iluminó su mente se desvaneció para siempre del mundo de los mortales. No en vano mencionó alguna vez que, iba a ser muy difícil que volvieran a tener en Atenas otro Sócrates, con la misión de hostigar a propios y extraños, preocupado por tratar de hacerlos mejores en las cosas realmente trascendentes del alma y que sirven para conseguir o intentar conseguir la virtud, y por las que habremos de ser juzgados al término de los tiempos. A pesar de todo y contra toda oscuridad, su luz nos alcanza; parecido a las estrellas del universo de las que recibimos sus rayos, aunque el mismo cuerpo emisor no exista ya.

Hijo de un escultor y una partera, se sentía más próximo a su madre; pues decía: también yo ayudo a parir a los demás, no hijos sino ideas. Lo cual emanaba de ser un hombre que miraba primero dentro de sí. Y él mismo se definió como un tábano o avispón; pues con su manía de escrutador de las almas y de las cosas, no dio paz a nadie.

Nadie cuestiona **que** pereció envenenado, tras tomar una copa de cicuta. Su condena a **muerte** por un tribunal fue por encontrarlo culpable de corromper a la juventud, pese a **que** su más grave delito fue resistirse a la tiranía de Críticas sobre Atenas.

Sus últimas palabras fueron: '**¡Oh, Critón, debemos un gallo a Asclepio** (el Dios de la Medicina, a manera de agradecimiento)**, no lo olvides!**

YO TE ESTARÉ AGRADECIDO SI ME REFUTAS Y ME LIBRAS DE MIS EXTRAVAGANCIAS. NO TE DETENGAS EN HOSTIGARME, POR FAVOR, DEMUÉSTRAME QUE NO TENGO RAZÓN.

SOCRATES
DEL AÑO 469 AL 399 A. DE C.

DIOS DE LA MEDICINA ASCLEPIO O ESCULAPIO PARA LOS ROMANOS

En la recopilación que nos presenta el Dr. Larry Dossey de: EL LIBRO TIBETANO DE LA VIDA Y DE LA MUERTE, menciona de manera muy acertada, desde mi punto de vista, que hoy en día, se enseña a la gente a negar la muerte y a creer que no significa otra cosa que: aniquilación y pérdida, lo cual significa que gran parte del mundo civilizado vivimos negando la muerte o bien aterrorizados por ella, y que el simple hecho de mencionarla se considera morboso y hasta entraña el riesgo de atraerla. Otros tantos, nos dice, contemplan la muerte con jovialidad ingenua y despreocupada, dado que es un hecho natural y por lo que cometen el error de tomarla a la ligera. Y explica que, de estas dos actitudes hacia la muerte, no podrían estar más alejadas del verdadero sentido de la muerte. Y agrega que, todas las grandes tradiciones espirituales del mundo, incluyendo el cristianismo, han dicho claramente que la muerte no es el final, y por lo que debiera infundir un sentido sagrado en nuestras vidas. Pero lo que se observa en realidad en la mayoría de los casos es, un desierto espiritual en el que imaginamos que esta vida es lo único que existe, careciendo de toda fe en una vida posterior, desprovisto así de una visión que no encuentra nada que impida vivir de una manera egoísta y desconsiderada con el planeta, por lo que finalmente, solo nos interesamos en los resultados a corto plazo de nuestras acciones. Tanto el temer a la muerte hasta el punto de rechazar afrontarla, como percibirla baja el encanto romántico, es sencillamente banalizarla, es pues una forma de evasión, porque en realidad no es deprimente ni seductora, es un proceso de superación del alma. Y nos recuerda las palabras del maestro budista Padmasambhava: "Quienes creen que disponen de mucho tiempo sólo se preparan en el momento de la muerte; entonces los desgarra el arrepentimiento. La mayoría de la gente muere sin estar preparada para la muerte, de la misma forma que ha vivido; sin estar preparada para la vida.

En el LIBRO TIBETANO DE LOS MUERTOS, se encuentran las enseñanzas de la escuela más antigua del budismo tibetano, el cual trata no sólo de la muerte sino también de la vida, donde nos enseña que la vida y la muerte, son una serie de realidades transitorias y en constante cambio llamadas bardos; para designar el estado intermedio entre la muerte y el renacimiento, mismos que se suceden continuamente y con intensidad necesaria para la superación o liberación del alma. Son oportunidades especialmente poderosas con efecto decisivo y de gran alcance. Según el budismo tibetano la existencia se divide en cuatro bardos: 1.- el bardo de esta vida; 2.- el bardo doloroso del momento de la muerte; 3.- el bardo luminoso del dharmata y 4.- el bardo kármico del devenir.

La pregunta que los mismos maestros budistas formulan a sus alumnos no es si creen en una vida después de esta, la cuestión es, lo sienten profundamente en su corazón. Ya que no se trata de apostar a la realidad, sino de descubrir el sentido de la vida espiritual; puesto que de esta manera se tiene la conciencia de la moralidad y una actitud de responsabilidad personal para adquirir el conocimiento espiritual que nos permita afrontar verdaderamente la muerte y llegar a comprenderla. De lo contrario, cómo podremos ofrecer y ofrecernos el verdadero consuelo en la etapa final de la vida.

Como lo menciona en su interesante tratado de: EL BUDISMO SU ESENCIA Y SU DESARROLLO, Edward Conze: Los budistas de todas las épocas han comparado este mundo de sufrimiento, de nacimiento y muerte, con un rio de plena crecida. En esta orilla estamos vagando, atormentados por toda clase de intranquilidades y tristezas. En la otra orilla está el más allá, el Nirvana, donde los males, junto con la individualidad separada, han llegado a su fin; en el cual el Nirvana es el mundo en el que se experimenta sensorialmente la realidad. Al que solo se puede llega a través de la práctica de la meditación, lo que implica, métodos que tienen como meta la renuncia al mundo, como medio de salvación; cuando se ha derrotado al pensamiento y las contradicciones se liberan, es decir cuando la cadena del pensamiento ha sido rota, y se abre la vastedad del especio ilimitado de la verdad. Al final, las luchas budistas obtienen el fruto de la mente tranquila que a todo el mundo le gustaría tanto tener, pero después de haber pasado grandes trabajos que la mayoría preferimos evitar. En otras palabras, lo menciona igualmente Edward Conze: la contribución específica del budismo al pensamiento religioso se encuentra en su insistencia en la doctrina del **"no-yo"** o por mejor decir: la creencia en un **"yo",** que es considerada por esta escuela, como condición indispensable para que surja el sufrimiento.

Ya en el siglo I (a.c.) en la Grecia clásica, el filósofo Pirrón de Elis, de quien se dice que acompañó a Alejandro Magno a la India, conoció a los yoguis o ascetas. Dio origen a los llamados escépticos griegos, no tenía doctrinas definidas, pero revelaba a los hombres el secreto de la felicidad, mostrándoles que la salvación sólo se puede encontrar en la paz de un pensamiento indiferente, y que esta búsqueda necesita, por parte del individuo, de un esfuerzo de morir para sí; lo que significa que: librarse de la pasión es la gran meta de la vida, y la serenidad del espíritu es la actitud que uno debe empeñarse en cultivar. Para alcanzar este estado de indiferencia, uno debe sacrificar todos los instintos naturales; que todas las concepciones teóricas están igualmente faltas de fundamento y uno debe abstenerse totalmente de formar proposiciones y hacer juicios. Y la actitud más sabia referente a la naturaleza de las cosas, no debe verse afectada por disputas doctrinarias, es de un comportamiento sin habla, de imperturbabilidad e indiferencia, que: **“la no-acción es la única acción posible”.**

Si hemos de seguir esta línea, ahora mejor que nunca, sabemos que la mente ha sido siempre como un mono ágil y sin descanso; tan solo basta observarla unos minutos para comprobar que no deja de saltar de un lado a otro, y se notará que los pensamientos se elevan sin motivo o relación alguna, arrastrados por el libre albedrio de cada instante; es decir, en condiciones mentales normales estamos a merced de la volubilidad de nuestra mente. En condiciones diferentes por encontrarnos en cercanías de la muerte o por padecimiento de fobias, producto de la enfermedad mental, no tan solo estamos a merced de los pensamientos, como ya lo hemos visto, sino que nos convertimos en víctimas destinadas a un sacrificio que no parece tener fin por el acoso de estos mismos; pues el miedo actúa como un poderoso imán que absorbe y secuestra la libertad del pensamiento; de esta manera, como esclavos irredimibles del peor de los pensamientos de terror, nos encontramos presos con escasas o nulas posibilidades de evadirnos. Sin embargo, pese a sentir un abrumador estado de sometimiento, o simplemente por no haber podido encontrar con la claridad que requieren las ideas frontera de que antes hemos hablamos, debemos tratar de poner atención, únicamente, en la respiración, pero sin pretender extender la atención al resto del cuerpo, o a las cosas perceptibles como son: la posición en que nos encontremos, sentados o parados, etc.), en los movimientos musculares voluntarios o involuntarios, y también de lo que en ese momento nos rodea y afecta; puesto que en dichas circunstancias de anormalidad, la mente es constantemente desviada de manera impulsiva, de tal suerte que solo resulta factible y efectivo, el ejercicio que consiste en: "estar pasando de los pensamientos enfermizos, al estado de atención de la respiración". Dicho fenómeno nos ocupa por completo, lo que no ocurre en condiciones mentalmente normales; dado que aquí la mayor parte del pensamiento está más alejado de nuestro control. Pero menciono que ha sido efectivo porque he experimentado que, si bien no siempre me permite mitigar los impulsos de temor, si evita que los pensamientos obsesivos disparen hacia el terror. Es preciso dejar en claro que, para alcanzar nuestro objetivo, la práctica debe realizarse en un ambiente que no permita las distracciones y el trajín del mundo, debe buscarse un ambiente de retiro.

¿Pero cómo saber si el ejercicio lo estamos realizando correctamente? Lo más importante que se debe saber durante el fenómeno en mención es: no imponer nada para controlar la respiración, sino que sólo debemos observarla como se encuentre en ese momento, únicamente seguirla. De manera arrebatada el pensamiento nos estará atrayendo fuera del seguimiento de la respiración, por lo que no debemos imponernos ninguna otra idea a modo de control; es decir no debemos contribuir con más pensamientos, sin importar lo extraordinario que podamos suponer que son; como por ejemplo intentar sentirnos en paz, de creer que nos encontramos en un rito especial, o incluso de imaginar con la idea de que estamos meditando. Únicamente vuelve a la respiración tal y como la encuentres, sin importar la insistencia de los impulsos de temor.

Durante este ejercicio se experimentarán toda clase de temores, como dije, no se debe tratar de contrarrestarlos con más pensamientos, sin importar la intensidad de su insistencia, dado que los pensamientos son como el océano, que posee olas que forman parte de su naturaleza de ser, en un sentido interminable en el que: surgen del océano y de vuelta regresan al océano. Es imposible querer detenerlos, pero si podemos regresar y seguir a la respiración. Y tampoco hagamos de este último ejemplo, un vehículo para volver a la respiración o pretender mantenernos presentes en la respiración.

Por último, nos menciona el "LIBRO TIBETANO DE LA VIDA Y LA MUERTE" que por experiencia algunas personas, no consiguen relajarse y se sienten incómodas al observar la respiración y lo viven como algo claustrofóbico; en este caso es más apropiado observar un objeto (como una vela encendida, a una distancia prudente de no menos de 1 m.), el rostro de alguna pintura o escuchar la grabación de algún mantra budista encaminada a la relajación. Como ejemplo tenemos tan solo algunos mantras que nos pueden ayudar:

https://www.youtube.com/watch?v=EcKea-10--E

https://www.youtube.com/watch?v=fhOLEpynubc

https://www.youtube.com/watch?v=09-u_Z6h2ao

https://www.youtube.com/watch?v=0Ix9yfoDHJw

https://www.youtube.com/watch?v=-CJ9gT4F_kY

https://www.youtube.com/watch?v=f4ucoShlKWs

https://www.youtube.com/watch?v=-CJ9gT4F_kY&t=741s

https://www.youtube.com/watch?v=eSk2mthtQFw

https://www.youtube.com/watch?v=lTdL0QTsyGo

https://www.youtube.com/watch?v=evMrzJ3GqTE

https://www.youtube.com/watch?v=IZkjX_c4hm4

https://www.youtube.com/watch?v=_jaGPxHMX1I

https://www.youtube.com/watch?v=tVYylcHszrM

https://www.youtube.com/watch?v=AUydvmjIuCA

https://www.youtube.com/watch?v=VOjVHRY667E&list=RDAUydvmjIuCA&index=3

https://www.youtube.com/watch?v=ggI-ps6i_Zk&list=RDAUydvmjIuCA&index=2

https://www.youtube.com/watch?v=D9ECyhgV3UQ&list=RDAUydvmjIuCA&index=6

REFERENCIA

6.- APOLOGIA DE SOCRATES

7.- ERAN LOS MAGISTRADOS ENCARGADOS DE LA VIGILANCIA DE LAS PRISIONES.

SINTESIS DE LA CONTRAPORTADA

Lo narrado en este libro es el sucinto de una lucha doliente, a lo largo de 30 años de la vida del propio autor, por arrostrar una depresión severa, pero en la que consigue analizar, identificar y refrenar los pensamientos ligados a los sufrimientos que padece, gracias al apoyo que ofrece la filosofía de Platón, y no sin la medicación apropiada. De tal suerte que expone, clasifica y devela el error en los pensamientos que propician las ideas obsesivas. Para finalmente explicar cómo es posible encararlas, no sin el valiosísimo respaldo de la preceptos y prácticas budistas. Sin pretender llegar al rigor de los silogismos ni a la validez universal de lo que aquí se expone, y sin antes someterlo al escrutinio científico; verificándolo primero con el número de casos suficientes, y confrontándolo con otros enunciados y observaciones que en defecto le resten o bien le confirmen la certeza.

www.ingramcontent.com/pod-product-compliance
Lightning Source LLC
LaVergne TN
LVHW040440051026
849517LV00002B/688
* 9 7 9 8 8 9 0 9 0 7 3 4 9 *